모든 식물에는 이야기가 있다

일러두기

* 이 책에 등장하는 식물명은 국가표준식물목록을 기준으로 하였으며, 학명은 국가표준식물목록과 USDA를 교차 참고하였습니다.

모든 식물에는 이야기가 있다

글 김현경 그림 신소영 · 안현미

billybutton 빌리버튼

프롤로그

여러분은 식물에 대한 추억이 있나요? 없는 것 같다고요? 지금부터 시간을 조금 더 드릴 테니 생각해 보세요. 학창 시절에 부르던 교가에 나무나 꽃이 등장하지는 않았나요? 부모님께서 베란다 창가에 화분을 두고 애지중지 키우지는 않는지요? 꽃이 활짝 핀 화단을 배경으로 기념 사진을 남기신 적 있으시죠? 맞아요, 식물을 직접 키우지 않아도 식물은 우리의 일상 곳곳에 있답니다. 과거에도 그랬고 지금도 그렇고요.

첫 번째 책인 『오늘부터 식물을 키웁니다』가 식물을 키우며 겪고 느꼈던 저의 개인적인 이야기였다면 이번 책 『모든 식물에는 이야기가 있다』는 식물이라는 대상에 중점을 둔 내용을 담았습니다. 우리 주변에서 쉽게 볼 수 있는 식물들로요. 오래 전부터 자주 봐서 잘 안다고 생각했는데 오해했던 식물도 있고 관심이 전혀 없었는데 이번 기회로 그 매력에 흠뻑 빠지게 될 식물도 있을 거예요. 그리고 중요한 사실 하나도 깨닫게 될 거예요. 바로 식물이 우리와 정말 가까이 있다는 걸요. (방금 전 거실에 있는 여인초가 '까드득' 소리를 내며 새잎을 틔우고 있네요!)

그뿐만이 아니에요. 우리는 모르는 사이에 식물과 영향을 주고받는답니다. 식물에서 얻은 원료로 의식주의 토대를 마련하는 건 물론, 식물에서 비롯된 문화를 누리며 풍요로운 삶을 살고 있지요. 더 나아가 식물은 지구 생태계의 일원으로서 인간과 지구의 건강을 책임지기도 합니다. 인간의 이기심으로 인해 점점 감소하는 숲, 멸종 위기에 놓인 작물 등에 관한 뉴스를 들어본 적 있으시지요? 식물이 없다면 그 식물을 기반으로 살아가는 동물이 위협을 받고 결국 우리도 위태로워질 수 있습니다.

책을 다 읽으셨다면 지금껏 무심코 지나친 식물들이 하나둘, 눈에 들어올 거예요. 익숙한 일상이 식물로 인해 새삼 달라 보인달까요? 전보다 따스한 눈빛을 보내실 것 같고요. 자연스럽게 식물을 마음으로 품게 되고, 더 나아가 식물이 건강하게 자라는 지구 환경까지도 관심을 갖게 될 거예요.

김현경

차례

식물의 이름이 하는 말

레몬

코로나19 탓에 외출을 자제하니 핸드폰을 보는 시간이 부쩍 늘었다. 그러면서 밖에서 하던 걸 랜선으로 대신하는 새로운 습관이 생겼다. 카페 투어를 하고 싶을 땐 집에서 내린 커피를 마시며 다른 사람이 SNS에 올린 카페 사진을 보고, 인테리어 소품을 구경하고 싶을 땐 감성이 맞는 브랜드 계정을 찾는다. 아기자기한 오브제부터 세련된 가구에 이르는 다양한 품목 중 눈길을 끄는 건 단연 식물. 그중에서도 몇 해 전부터 노오란 열매를 맺는 식물에 조금씩 관심이 생겼다. 예전에 친구 가게에서도 본 적이 있다. 그때 이름을 들었는데 기억이 나지 않아 찾아봤다. 레몬나무, 레몬오렌지나무, 유주나무 등 비슷비슷한 이름의 식물이 우수수 쏟아졌다.

레몬나무는 익히 알고 있는 레몬이 열리는 나무다. 온화한 기후에서 자라며 추위에 약하다고 알려진다. 특히, '마이어'라는 품종은 크기가 작고 화분에서 키울 수 있어 반려식물로도 적합하다. 다만 볕이 잘 드는 곳에 두고 적절한 영양제를 줘야 레몬이 열린다고. 모종이 아닌 레몬을 먹은 후에 나온 씨앗을 심어 키울 수도 있는데 이 경우, 씨앗이 온도와 습도에 적응하기가 조금 어려울 수 있다. 물론 이런 만만치 않은 생육 조건에도 불구하고 싹을 틔우는 능력자도 많다. 레몬오렌지나무는 레몬과 오렌지의 교배종으로 진한 노란색을 띤 열매가 열리는 것이 특징. 내가 관심 갖고 있는 식물은 레몬나무일 확률이 높아 보였다.

레몬나무에 관한 재미있는 내용은 이제부터다. 레몬나무를 검색할 때 연관 검색어로도, 결과 페이지에서도 많이 나오는 유주나무의 정체. 결론부터 말하자면 유주나무는 사계귤의 잘못된 유통명이란다. 엇, 유통명은 뭐지? 유통명을 이해하려면 우선 학명부터 알 필요가 있다. 학명은 전 세계 사람들이 언어와 국경을 초월하여 공통적으로 부르는 식물 고유의 이름이다. 18세기 스웨덴의 식물학자 칼 폰 린네가 고안했으며 라틴어로 되어 있다. 학명은 속명과 종소명, 두 가지 이름을 나열하는 이명법을 따른다. 여기에 식물을 발견한 사람, 생김새, 용도 등 다양한 정보들이 붙는다.

학명에 '*Purpurea*'가 있으면 꽃이 보라색이라는 뜻이며 'L.'이라 쓰여 있다면 린네가 발견했다는 걸 뜻한다. 또, '*Officinale*'가 있다면 해당 식물은 약용으로도 쓰인다는 걸 가리킨다. 이처럼 학명은 식물에 대한 기본적이면서도 중요한 정보를 담고 있다. 하지만 발음이 어렵고 길다. 그런 탓에 실생활에서는 식물의 특징을 콕 짚어 직관적이고 입에 착 붙는 별명을 부르기도 한다. 그중 대부분은 식물을 판매하거나 관련 업계에 있는 사람으로부터 시작됐고 이 과정에서 유통명이 생겼다. 학명이 '*Aquilegia buergeriana* Siebold & Zucc. var. *oxysepala* (Trautv. & C.A.Mey) Kitam.'로 어떻게 발음해야 할지 감조차 오지 않는 이 식물은 꿀주머니가 마치 매가 발톱을 움켜쥔 것 같아 '매발톱'이라는 친근한 이름을 얻었다. 디스키디아의 경우, 학명이 '*Dischidia ovata* Benth.'인데 전체 학명 대신 앞부분만 불리다가 이마저도 낯선 탓에 디시디아로 더 많이 불린다.

학명과 유통명을 이해했으니 이제 유주나무라는 것도 알아봐야겠다. 업계 사람들에게 유주나무에 대해 물어보니 '유자'를 뜻하는 일본어 '유주'에서 비롯된 것 같단다. 본래 이름이 '유주'라는 식물은 없다고. 즉 사계귤나무는 이름 그대로 사계귤이 열리는 나무고, 유주나무라는 건 유자나무의 일본식 표현이다. 조사 중에 알게 된 더 흥미로운 사실은 사계귤과 칼라만시가 같은 종이라는 것. 간 기능에 도움을 줘 소주에 섞어 마시면 잘 취하지 않는다고 알려진 그 칼라만시가 맞다. '깔'이라고 발음하는 게 자연스럽지만 '칼'이라고 표기하는 것도 의외다. 이 둘의 학명은 '*Citrus madurensis*'로 같다. 제주특별자치도 농업기술원 홈페이지에는 사계귤은 재래종이기 때문에 약간의 변이가 있을 수 있다고 나와 있다. 실제로 이 둘을 동시에 키워봤다는 사람의 블로그 포스팅을 보니 공통점은 많지만 열매의 크기와 내부 구조, 맛 등에서 조금씩 차이가 있었다.

와, 그러고 보니 손가락 끝에서 생긴 레몬나무에 대한 궁금증 덕분에 이 페이지에서 저 페이지로 탐험하며 새로운 정보를 얻고 그 과정에서 생긴 또 다른 궁금증을 풀기 위해 이동해 칼라만시에 도착했다. 궁금증을 해결해서 속이 시원하면서도 내가 몰랐던 부분을 이미 깊게 연구한 사람들이 있다는 걸 알게 돼 놀랍다. 그들이 대단하게 느껴진다. 내가 갈 길은 한참 멀었다는 것도 깨달았고.

유통명이나 교배종 등 구전으로 전해지거나 현재 진행형인 사안은 내용이 공식적으로 문서화되어 있지 않은 경우가 많기 때문에 관련 업계에 종사해도 애정이 없으면 명확하게 밝히는 게 쉽지 않다. 그럼에도 불구하고 부지런히 연구한 사람들이 있어 나는 집 안에서 지식을 쉽게 얻었다. 이러한 자양분들이 쌓이면 내게도 식물 지식의 싹이 트고 꽃도 피는 날이 오지 않을까?

레몬	운향과 귤속 / *Citrus limon* (L.) Osbeck
	온도와 영양 조건을 맞춰주면 실내에서 키울 수 있으며 새콤하고 노란 레몬이 열린다.

사람을 보듬어주는 애틋한 식물

극락조화

조지아 오키프라는 미국의 화가가 있다. 그녀는 주로 자연에서 영감 받은 작품을 선보였고 강렬한 색채로 군더더기 없이 표현해 많은 사람의 이목을 집중시켰다. 그중에서도 극락조화 그림은 큰 인기를 얻었다. 지난가을, 파리 퐁피두센터에서 열린 조지아 오키프 특별전을 통해 그녀의 작품을 감상했다. 화면으로 봐왔던 작품 속 강렬한 색채는 내게 익숙한 극락조화의 모습과 대비되어 굉장히 인상적이었다. 꽃의 전체가 아닌 일부분에 집중한 그녀의 관점 또한 내게 생각의 여지를 남겼다. 여러모로 의미가 남달랐다. "도시에서 바쁘게 살아가는 사람들은 꽃을 살펴볼 시간도 없다"는 그녀의 말에 담긴 꽃과 자연에 대한 애정, 그 매력을 더 많은 사람이 알기를 바라는 마음이 동시에 느껴졌기 때문이다.

사실 몇 년 전까지만 해도 나 역시 그녀가 안타까워했던 사람 중 하나였다. 지금의 나는 식물을 키우며 지나가는 길에 꽃을 만나면 가볍게 인사하고 종종 구입한다. 극락조화를 만나면서부터였다.

극락조화는 내가 처음으로 구입한 식물이다. 꽃집을 연 친구를 위한 축하 선물이자 조금 허전했던 신혼집에 활력이 느껴지기를 바라는 마음에서 비롯된 소비였다. 극락조화를 집에 들이고 나서 한 일이라곤 열흘에 한 번 물을 주는 게 전부. 그때만 해도 극락조화에 대한 애정보다는 죽이면 안 된다는 강박이 커서 식물 돌보는 즐거움을 느끼지 못했다. 극락조화를 키운 지 수개월이 지났을 때였다. 잎 사이에 뿔처럼 뾰족한 게 올라왔다. 친구에게 물어보니 새잎이란다. 특별히 해준 것도 없는데 새잎을 틔우다니!

극락조화를 들이고 난 후, 처음 맞이하는 변화 덕분에 강박은 차츰 줄어들고 애정이라는 감정이 생겼다. 새잎은 키가 어느 정도 자라니 꽁꽁 감싸져 있던 부분부터 슬금슬금 풀리기 시작했다. 처음부터 넓적한 잎의 형태로 나는 게 아니었다. 잎이 돌돌 말려 있다가 점점 풀리면서 모양을 갖춰갔다. 아침마다 밤새 잎이 풀린 정도를 확인하며 하루를 시작하고 그날의 성장량을 확인하는 것으로 하루를 마무리했다. 막바지 단계에선 감싸져 있는 부분이 3~4시간 간격으로 풀렸다. 아무도 없는 거실에서 갑자기 '스르륵' 하는 소리가 나거나 극락조화 몸이 휘청이면 새잎이 풀렸다는 신호다.

한 달쯤 지나자 극락조화는 새잎의 형태를 온전하게 갖췄다. 나는 아무것도 도와줄 수 없는, 고작 해봐야 마음속으로 응원하는 게 전부였다. 힘들고 긴 여정을 포기하지 않고 완주한 극락조화가 대견했다. 나도 뿌듯했다. 동시에 이전에는 극락조화에게 물 주기, 바람 쐬어주기 같이 생존에 필요한 최소한의 것만 해주다가 변화가 생기자 갑작스레 관심을 보이는 나 자신이 조금 부끄러웠다. 근사한 무언가를 보여주니 그제서야 마음을 여는 게 알량하달까. 어쨌든 이를 계기로 극락조화에게 이름도 지어주며 애정을 쏟게 됐다.

그래서일까? 극락조화를 못 보면 뭔가 불안하다. 잘 있는 걸 확인하고 나왔는데도 말이다. 집을 오래 비우는 여행 중에도 그랬다. 하노이 길거리에서 만난 바나나잎을 보며 집에 혼자 있을 극락조화를 떠올리고 함께하지 못하는 아쉬움을 달랬다. 아, 식물학적으로 극락조화와 바나나나무는 한때 같은 파초과에 속했을 정도로 가까운 사이. 특히 넓적하고 기다란 잎이 닮았다.

그뿐만이 아니다. 식물들의 작은 부분까지 신경 쓰며 함께 생활하니 삶의 태도를 되돌아보고 의미를 곱씹게 되었다. 극락조화의 새잎이 내가 예상한 기간보다 느리게 펴지고, 그걸 지켜보다 지쳤다며 손으로 잡아당겨서 멀쩡한 잎을 '주욱' 찢어버렸을 땐 식물도, 사람도 자신만의 속도가 있다는 걸 깨달았다. 고지에 가까워질수록 조바심을 버려야 원하는 결과를 얻을 수 있다는 것도. 새잎이 금방 나지 않아서 불안하지만 '지금은 때가 아닌가 보다. 언젠가는 나겠지'라며 의연하게 기다릴 수 있게 됐다. 앞으로의 일이 불안해서 생각이 많아진다면 그에 맞설 수 있도록 꿋꿋이 견고한 힘을 키우면 될 일이다. '새잎이 왜 안 날까?' 하는 나의 쓸데없는 걱정에 아랑곳하지 않고 내실을 다지는 극락조화처럼.

"아무도 꽃을 보지 않는다. 꽃이 너무 작아서 보는 데 시간이 걸리기 때문이다. 하지만 우리에겐 시간이 없고 무언가를 보려면 시간이 필요하다. 마치 친구를 사귀는 것처럼." 앞서 자연을 돌볼 여유가 없는 현대인의 삶을 안타까워했던 조지아 오키프의 말이다. 어쩌면 그녀도 꽃을 통해 나와 비슷한 걸 느끼고 경험했을지도 모른다. 사람이 식물을 키운다고 생각했는데 식물이 사람을 보살피고 있었다. 서로를 챙기며 의지하는 친구가 있어 오늘도 든든하다.

극락조화	극락조화과 극락조화속 / *Strelitzia reginae* Banks
	넓적하고 큼직한 잎이 특징이며 화려한 꽃이 '극락조'라는 새를 닮았다.

행운을 지켜주겠다는 약속
커피나무

집에서 어떤 식물을 키우느냐는 질문을 종종 받는다. 극락조화, 여인초 등을 나열하다가 얼마 전에 커피나무를 들였다고 하면 그 반응이 재미있다. '우리가 마시는 그 커피?'라며 재차 확인하는 질문부터 '농장이 아니라 화분에서도 자라네!'라는 놀라움까지.

"커피나무는 어떤 식물이에요?"

"행운의 편지 같은 식물이에요. '이 편지는 영국에서 최초로 시작되어 1년에 192번 돌면서 (중략) 7명에게 편지를 보내면 7년의 행운의 있을 것입니다'라는 내용의 그 편지요."

'커피나무랑 행운의 편지가 무슨 상관이지?' '커피나무를 키우면 일이 잘 풀린다는 뜻인가?' '7명한테 선물하라는 뜻인가?' 등 부연 설명이 없다면 궁금증이 꼬리에 꼬리를 물 수 있다.

"왜 그렇게 생각하세요?"

"커피나무가 제게 오기까지 굉장히 많은 사람의 손을 거치면서 우여곡절이 있었거든요. 그리고 정성을 다해 잘 키우면 커피 열매로 보답을 해주고요."

그렇다, 커피나무는 키우는 과정도 즐겁지만 시간을 거슬러 올라가면 흥미로운 사건이 많은 식물이다. 역사를 어려워해도 매일 아침 커피로 카페인을 충전하고, 커피를 즐겨 마신다면 두 눈이 번쩍 뜨일 터.

커피나무는 6~7세기경 아프리카 에티오피아 고원에서 처음 발견됐다. 11세기에는 아라비아의 예멘에서도 재배되기 시작했으며 인도를 거쳐 네덜란드와 프랑스 등 유럽에도 전파되었다. 17세기경에는 오스만튀르크가 빈 침공에 실패한 후 커피를 버려둔 채 떠났고, 이를 폴란드인 콜시츠키가 차지해 카페를 열었다. 긴 세월이 흘러 이곳은 미국인 제임스 프리먼에게 영감을 줘 지금의 블루보틀이 탄생하는 계기가 됐다. 18세기에는 중앙아메리카와 동남아시아로, 19세기 말에는 한국에 소개돼 고종이 커피를 마셨다.

까마득하게 먼 곳에서 출발해 여러 사람을 거쳐 지금 내 앞에 도착한 커피나무. 물론 그 과정은 녹록지 않았다. 14~15세기 예멘은 커피의 유일한 공급원으로서 위치를 확고히 하기 위해 다른 나라로 커피가 유출되지 않도록 관리했다. 예멘 밖으로 나가는 종자에 열을 가해 번식력을 없애거나 묘목 반출을 금지하기도 했다.

18세기에는 프랑스 해군 장교가 한 그루의 커피나무를 싣고 마르티니크섬으로 향하던 중, 식수가 부족한 상황에서도 커피나무에 물 주는 것만큼은 빼먹지 않았다고 전해진다. 와, 지금 당장 내가 죽게 생겼는데 커피나무를 먼저 챙기다니! 극한의 상황에서도 그는 커피나무의 가능성을 알아봤던 걸까? 이 밖에도 여러 악조건에서 커피를 들여왔다는 기록은 수두룩하다. 그래서일까? 지금 내 앞에 놓인 커피나무가 역사의 산증인처럼 보인다.

하지만 이 커피나무가 또다시 사라질 위기에 처했다. 전 세계 커피 생산량의 막대한 지분을 차지하는 브라질에 서리와 폭설이 내렸기 때문이다. 게다가 베트남도 가뭄과 폭설로 인해 커피 생산에 어려움을 겪고 있다. 표면적으로는 갑작스러운 기후 변화 탓이지만 그 원인을 제공한 건 다름 아닌 인간의 탐욕. 전부터 영국 큐왕립식물원을 비롯한 세계 연구팀들이 이러한 상황을 우려하고 지적했지만 아직 먼 이야기로 치부해 환경 파괴가 지속됐다. 대다수가 하루를 카페인 수혈로 시작할 정도로 커피는 우리 일상에서 떼려야 뗄 수가 없다. '앞으로도 커피를 마실 수 있도록'에서 한 단계 더 나아가 지구와의 공존을 위해서라도 환경을 보호해야 한다.

'7명에게 편지를 보내면 행운이 온다'는 편지의 내용처럼 커피나무는 열매의 형태로 행운을 가져다준다. 단, 싹이 난 후 4~5년간 애정으로 보살폈다면 말이다. 125종가량 되는 커피나무 중 마실 수 있는 커피는 아라비카종, 로부스타종, 리베리카종이다. 이 중에서 커피 생산량의 대부분을 차지하는 건 아라비카종과 로부스타종이다. 커피나무는 파치먼트라고 불리는 씨앗을 심은 후 3~4년이 지나면 아라비카종은 2~4미터, 로부스타종은 4~6미터 성장하고 꽃이 지면 초록색 커피 열매를 맺는다. 이 열매는 익으면 붉은빛이 도는데 체리를 닮아 커피 체리라고도 불린다. 참고로 커피콩이라고 부르는 부분은 그 모습만 콩을 닮았을 뿐 실은 씨앗이다.

아라비카종은 에티오피아가 원산지로 기후나 토양, 병충해에 민감하고 성장 속도가 느리지만 풍미는 뛰어나다. 로부스타종은 아프리카 및 아시아 열대 지역에서 생산되며 풍미는 조금 약하지만 병충해에 강하며 가격대가 저렴하다. 대표적인 재배지는 베트남이다. 하노이 여행 중 마트에서 로부스타 원두를 자주 목격했던 것도, 인스턴트 믹스 커피 종류가 무궁무진했던 것도 이러한 이유였다. 두 종의 차이점은 자가수분 여부. 아라비카종은 내부에서 수분하여 종자를 맺는 자가수분을 한다. 수십 그루를 동시에 심어야 자손을 남기는 로부스타종과 달리 아라비카종은 한 그루만 있어도 번식할 수 있다. 일부 학자들은 아라비카종이 전 세계로 빠르게 퍼져나갈 수 있었던 이유를 여기에서 찾기도 한다.

커피나무를 키운 지 얼마 안 된 내게는 둘을 분간하기에 어렵다. 자가수분 여부는 두 눈으로 확인하기 쉽지 않아서다. 그래서 나는 잎의 생김새로 두 종을 구분한다. 단순하지만 직관적이다. 잎이 약간 길쭉하고 표면에 윤기가 반지르르 흐르면 아라비카종, 잎이 전체적으로 둥글넓적하면 로부스타종이다. 이 기준에 따르면 내가 키우는 커피나무는 아라비카종. 아직 키가 한 뼘밖에 안 돼 무척이나 귀엽다. 이 아이들을 위해 내가 하는 거라곤 분무기로 잎에 물을 뿌려주고 일주일에서 열흘 간격으로 흙에 물을 주는 것뿐. 아주 기본적이며 최소한의 관리에도 불구하고 커피나무는 하루가 다르게 폭풍 성장하고 있다. 새잎이 이제 막 형체를 갖추자마자 기다렸다는 듯이 또 다른 새잎이 고개를 빼꼼 내민다. 신기할 따름이다. 집에 있는 다른 식물들은 1년 동안 나는 새잎이 손에 꼽히고 그마저도 자리를 잡는 데까지 시간이 꽤 걸리니 말이다. 새잎이 워낙 자주 나와서 이제는 자연스럽다.

줄기가 목질화하는 것도 마찬가지다. 이론적으로 목질화는 식물 세포벽에 리그닌이라는 물질이 축적돼서 조직이 나무처럼 단단해지는 현상이다. 커피나무를 키우며 보고 깨달은 목질화는 지지대가 없으면 '픽' 하고 쓰러지는 연약한 초록색 줄기가 갈색으로 변하고 커피'나무'라는 이름에 걸맞게 제법 우직해져 스스로를 지탱하는 힘이 생기는 것.

커피나무를 들였을 때 4년 정도 지나면 커피 열매가 열린다고 들었다. 하지만 그땐 임시로 꽂아놓은 빨대에 제 몸 하나 간신히 지탱할 만큼 여렸고 '우선 튼튼하게 키워보자'는 마음뿐이었다. 커피 열매까지 기대하는 건 무리였다. 그런데 '나 이만큼 자랐어요!' 하며 아침마다 인사하는 커피나무를 보니 열매는 나를 위한 게 아니라 이 아이에게 '참 잘했어요' 도장 같은 노력의 결실이 아닐까 싶다. 행운의 편지를 7명에게 보내는 다소 수고스러운 과정을 거쳐야 행운의 주인공이 되듯이, 커피나무도 앞으로의 성장 단계를 거쳐 탐스러운 행운의 열매를 맺기를 응원한다.

'나 이만큼 자랐어요!' 하며
아침마다 인사하는 커피나무를 보니
열매는 나를 위한 게 아니라
이 아이에게 '참 잘했어요' 도장 같은
노력의 결실이 아닐까 싶다.

커피나무	꼭두서니과 커피나무속 *Coffea arabica* L. (아라비카) / *Coffea canephora* Pierre ex Froehner (로부스타)
	흰색 꽃이 3~7개씩 모여 핀다. 꽃이 진 자리에 열리는 열매를 가공하면 커피 음료로 즐길 수 있다.

추억의 나무에서 반려의 나무로
벤자민고무나무

여행을 좋아해서 TV에서 방영하는 거의 모든 여행 프로그램을 본다. 요즘 뜨는 여행지 정보에 예능 요소가 가미된 것부터 현지인이 아니면 모를 수 있는 지역을 보여주는 심도 있는 것까지, 그 내용과 포맷을 가리지 않는다. 프로그램의 개성이 각기 달라서 여행지를 다양한 관점으로 보고 듣고 느끼는 재미도 있다.

평일에는 EBS 〈세계테마기행〉을 챙겨 본다. 저녁 식사하고 뒷정리를 마친 후 프로그램이 시작해 시간대가 딱 맞다. 이 프로그램은 여행지의 역사와 전통문화, 현지인의 삶을 내밀하게 보여준다. 때로는 그 내용이 너무 진지하고 무거워서 여행의 설렘보다 공부하는 느낌이 들지만 수박 겉핥기식 여행의 한계를 보완해 마치 그 지역 전문가가 된 기분이다.

이번 여행지는 미얀마와 필리핀. 미얀마의 유왈롯 지역의 한 농장이 나왔다.

그릇이 걸려 있는 나무들이 일정한 간격으로 심어져 있는 풍경이 펼쳐졌다. 자세히 보니 나무껍질이 얇게 벗겨진 부분에서 무언가 흘러나왔다. 저게 뭐지? 마침 여행 큐레이터의 내레이션이 궁금증을 풀어줬다. 고무의 원료가 되는 수액이란다. 걸려 있는 그릇은 이 수액을 모으기 위한 것. 뒤이어 유왈롯은 고무 마을로 유명하다는 설명도 이어진다. 이렇게 채취한 고무 수액은 여러 사람의 손을 거쳐 알록달록한 고무줄로 탄생된다. 라텍스 제품이 많은 태국만 고무가 유명한 줄 알았는데 미얀마도 그 못지않게 고무로 이름을 날리는 곳이구나! 고무나무에서 원료를 얻어 그 자리에서 제품까지 만드는 과정을 쭉 지켜보니 신기할 따름이었다.

고무나무가 궁금해서 더 찾아봤다. 아마존 사람들이 고무나무의 수액을 처음 발견했고 이것이 유럽과 미국으로 전해졌다고 한다. 19세기 초에는 다양한 업계의 사업가들이 고무로 방수천과 부츠 등을 만들기 시작했다. 학창 시절의 필수품이었던 지우개도 이때 등장했다. 하지만 당시 기술력의 한계로 고무가 기온에 따라 녹거나 딱딱해지는 탓에 사업은 활성화되지 못했다. 그러던 중 미국인 찰스 굿이어가 고무에 황과 산화납을 추가해 상태를 안정화시키는 데 성공했다. 맞다, 타이어 회사 굿이어! 이후로도 그는 고무로 가구, 꽃병, 빗 등 다양한 상품을 만들었고 고무나무의 가능성이 전 세계로 알려졌다. 고무나무의 역사를 쭉 살펴보며 생긴 궁금증

하나! 고무나무는 고무가 아니면 사람들이 찾지 않는 나무인 걸까?

다행히 그렇지 않다. 고무나무는 여러 종류가 있고 앞서 등장한 건 대극과의 파라고무나무다. 오늘날 반려식물로 인기가 좋은 건 벤자민고무나무다. 참고로 벤자민고무나무는 뽕나무과로 파라고무나무와 '고무나무'라는 이름만 같다. 벤자민고무나무는 물방울처럼 생긴 이파리가 아래로 축 늘어진 채 무성하게 달려 있다. 그 모습이 마치 눈물을 머금은 듯해 'Weeping fig(흐느끼는 나무)'라는 별명도 있다.

미국의 한 매체에서는 벤자민고무나무를 노스탤지어의 식물로 소개하기도 했다. 눈물 흘리는 나무가 갑자기 향수를 자극하는 나무가 되었다고? 그 배경은 이렇다. 벤자민고무나무는 원산지인 인도에서 30미터까지, 실내에서는 1.2~1.5미터 크기로 자란다. 다른 예민한 식물처럼 볕을 쪼여주기 위해 자리를 바꿔주지 않아도 되고 습도에도 크게 민감하지 않다. 즉 손이 덜 가기 때문에 거의 모든 가정에서 키웠고 1970~1980년에 인기가 폭발적으로 증가해 일상적인 생활 반경 내에서 흔히 볼 수 있는 대중적인 식물이 됐다. 그래서 이 시기에 어린 시절을 보낸 사람들에겐 어딜 가도 있는 벤자민고무나무가 향수를 불러일으키는 식물로 자리 잡은 것. 그 당시에 이름은 몰랐어도 사무실이나 쇼핑몰, 친구 집에서 한 번쯤 봤을 법한 식물이라고 짐작된다.

생각해 보니 나도 어렸을 적 미술 학원에서 벤자민고무나무를 본 것 같다. 벤자민고무나무라고 짐작하는 건 그 특유의 잎 때문. 장난기 많은 아이들이 제 몸보다 큰 화분을 이리저리 흔들었는데 그때마다 무성한 잎들이 일제히 파르르 진동했고 일부는 힘없이 떨어졌다. 화분이 무거워서 장난이 오래가지 않았지만 지금 그 광경을 목격했다면 당장 말렸겠지! 벤자민고무나무에 대한 추억을 갖고 있는 나와 그 아이들은 이제 어른이 되었고 벤자민고무나무를 감상하거나 반려식물로 두어 함께하고 있다. 벤자민고무나무의 인기는 세대를 거쳐 이어지고 있다.

추억이 없는 사람에게도 벤자민고무나무는 충분히 매력적인 식물이다. 풍성한 잎은 집을 풍요롭게 연출하고 헛헛한 마음을 채워줘 안정감을 주기 때문이다. 최근에는 다양한 종류의 벤자민고무나무가 판매되고 있다. 그중 잎에 밝은 색 무늬가 섞여 있는 무늬벤자민고무나무를 키우는 사람들이 늘고 있다. 벤자민고무나무보다 햇볕을 좋아하며 특유의 화려한 잎이 단조로운 인테리어에 포인트를 주는 감각적인 소품 역할도 해낸다.

하지만 키우기 전 알아둘 점이 있다. 벤자민고무나무는 잎에 독성이 있다. 반려동물이 있다면 주의해야 한다. 그리고 생육 조건이 까다롭지 않아 무던한 편이지만 주변 환경의 변화에는 민감하다. 때문에 전문가들은 한번 자리를 잡은 후 웬만하면 옮기지 말라고 조언한다. 온도나 햇볕의 양이 갑자기 변하면 무성한 잎이 한꺼번에 우수수 떨어져 버릴 수 있어서다. 분갈이도 마찬가지다. 꼭 해야 한다면 신중히 고민한 다음 행동해야 한다.

고무가 아니라 고무나무 그 자체가 애정의 대상이 된 오늘날의 변화를 마주하니 우리의 일상에 식물이 깊숙하게 한자리 차지한 것 같다. 새로운 계절을 앞두고 있으니 집에 식물을 하나 더 들이고 싶어졌다. 코로나19로 인해 계획했던 일들이 전부 수포로 돌아가버리면서 마음이 너무 공허했다. 텅 빈 내 마음을 풍요롭게 채워주고 혼자 고민해도 해결되지 않는 문제에 집착하지 않도록 애정을 쏟을 대상이 있으면 싶을 때가 있다. 무성한 잎만큼이나 즐거운 일이 가득하기를 바라는 마음으로 벤자민고무나무와 새로운 계절을 맞이할까?

벤자민 고무나무	뽕나무과 무화과나무속 / *Ficus benjamina* L.
	광택이 나는 물방울 모양의 잎이 무성하게 나 아름다우며 생육 조건이 까다롭지 않아 반려식물로 인기가 좋다.

찬바람 녹이는 새콤달콤한 맛

귤

귤처럼 친근한 과일이 또 있을까? 찬바람 불기 시작하면 가장 먼저 생각나고, 가격도 저렴해 왕창 사놓고 따뜻한 전기장판에 몸을 지지며 겨울 내내 손이 샛노랗게 물들 때까지 먹을 수 있으니 말이다. 텁텁한 입안을 새콤달콤하게 채우는 맛도 두말하면 입 아픈 매력 포인트! 요즘은 품종이 다양해져서 입맛대로 골라 먹는 재미까지 쏠쏠하다. 귤이라는 이름이 한글이 아닌 한자 橘(귤 또는 귤나무 귤)인 점도 흥미롭다.

하지만 늘 그렇듯 밝은 면이 있으면 어두운 면도 있는 법. 귤이 처음부터 사람들에게 사랑받은 건 아니었다. 심지어 원망의 대상이었다. 열대성 기후에서 자라는 귤나무의 특성상 과거에는 제주도에서만 재배됐고 귤은 특산물로 지정되었다. 지금과 달리 당시에는 지위가 높은 사람만 먹을 수 있었다. 이처럼 귀한 귤은 왕실에 바치는 진상품으로 선정됐다. 귤로 인한 농민들의 고생은 이때부터였다. 귤이 열리면 관원들이 와서 개수를 세는데 비와 바람을 비롯한 자연재해로 귤이 떨어지거나 상해서 수가 줄면 절도죄를 물어 벌을 받았다. 이를 면하려면 닭, 돼지 등을 바치거나 상당히 많은 비용을 지불해야 했다. 그 정도가 지나쳐 집안 살림이 거덜 나기까지 했다고. 귤나무 때문에 집안이 쫄딱 망하니 어느 누가 심고 싶어 할까? 결국 농민들은 제 손으로 귤나무를 죽이고 뿌리를 뽑아 흔적조차 없앴다. '관리들의 극심한 횡포에 고생이 많았구나!'라며 농민들의 아픔에 공감되는 동시에 아무 잘못도 없는데 죽임을 당한 귤나무가 불쌍하다.

하지만 지금 우리가 귤을 먹을 수 있다는 건 귤이 다시 재배됐다는 뜻이 아닌가. 오랜 세월이 지나 귤나무의 지위는 올라가기 시작했다. 1960년대부터 제주도 내 귤나무 재배지가 늘었고 귤 농사는 대대적인 성황을 이뤘다. 당시 집에 귤나무 두 그루만 있어도 자식을 대학에 보낼 수 있다고 해서 대학나무라는 별명도 얻었다. 집안을 말아먹는 주범에서 일으키는 주역으로 제대로 환골탈태했다.

우리가 먹는 귤의 대부분은 온주밀감이다. 제주도 최초의 온주밀감 나무는 1911년 제주도에서 선교 활동을 하던 프랑스 출신 에밀 타케 신부님을 통해 소개됐다. 이 신부님이 왕벚나무 몇 그루를 일본에서 선교 활동하는 신부님에게 보냈고, 그 답례로 온주밀감 나무를 받아서 키우기 시작했다. 이때 받은 14그루의 온주밀감 나무가 제주도에서 널리 재배된 덕분에 오늘날 감귤 주산지로 자리 잡을 수 있었다. 이 중 한 그루가 최근까지 생존을 이어가다 2019년에 고사했다. 그렇다고 해서 흔적까지 없어진 건 아니다. 제주도 최초의 감귤나무와 에밀 타케 신부님의 업적을 기념하고자 제주도 서귀포시 서홍동 주민들이 나무를 특수 약품 처리해 〈홍로의 맥〉이라는 작품으로 재탄생시켰다.

나는 이 작품을 제주도 '면형의집'에서 만났다. 생명을 다한 나뭇가지가 지지대에 고정돼 매달려 있는 상태였지만 제주도민의 생활에 이바지했다는 이야기가 떠올라 든든하면서도 강인한 생명력이 느껴졌다. 또한 제주도의 경제를 지탱하며 살기 좋게 만들어준 귤나무를 곁에 두고 은혜에 보답하는 주민들의 마음에 가슴 한쪽이 훈훈해졌다.

제주도를 다니다 보면 감귤 판매 현수막을 쉴 새 없이 마주한다. 감귤뿐만 아니라 한라봉, 천혜향, 레드향 등 그 종류도 각양각색이다. 참고로 한라봉은 청견과 온주밀감을, 천혜향은 밀감류와 오렌지류를, 황금향은 한라봉과 천혜향을, 레드향은 온주밀감과 한라봉을 교배한 것. 온주밀감은 수확 시기에 따라 극조생, 조생, 중생, 만생으로 구분된다. 매번 이름이 헷갈리는 탓에 가게 사장님에게 맛을 설명해서 레드향을 추천받았다. 그때마다 '이번엔 이름을 꼭 기억해야지!'라고 굳게 다짐하지만 언제나 머릿속에 남는 건 '맛있게 먹었던 기억'뿐. 언제쯤 그 이름을 정확하게 기억할 수 있을까 싶다.

앞서 설명한 개량된 품종은 맛과 생김새에 차이가 있지만 한 가지 확실한 공통점은 있다. 바로 산도는 낮고 단맛이 강하다는 점. 온주밀감 중 타이벡 소재의 흰 천을 나무 밑에 깔아놓아 귤에 골고루 빛을 쪼여 당도를 높인 타이벡도 마찬가지다. 단맛이 강한 귤을 선호하는 사람들의 입맛대로 재배 방식도, 품종도 그에 맞춰진 셈이다. 아, 귤은 어느 상인이 귤이 꿀처럼 달다는 걸 강조하기 위해 두 글자를 합쳐 귤이라고 쓴 데서 비롯된 말.

최근에는 플랜테리어 인기에 힘입어 귤나무를 실내에서 화분에 키우는 사람들도 많아지고 있다. 초록 잎의 싱그러운 기운과 상큼한 과즙이 느껴지는 귤의 색감이 매력적이다. 특히 귤나무 특유의 이국적인 분위기가 멋져 SNS 좀 한다는 사람들의 피드에 꼭 한 번은 등장한다. 과거에는 의도가 불순한 사람들로 인해 미움의 대상이었지만 이제는 우리 곁에 두고 가장 아끼는 과일인 귤. 올겨울에는 귤과 함께 또 어떠한 재미있는 추억을 만들지 기대된다.

귤 (온주밀감)	운향과 귤속 / *Citrus unshiu* (Yu.Tanaka ex Swingle) Marcow.
	제주도에서 많이 재배되고 열매가 새콤달콤하고 과즙이 풍부하다.

돈이랑 아무 상관없어요!
금전초

프리랜스 에디터의 업무 중 하나는 매체나 브랜드로부터 의뢰받은 콘텐츠를 제작하는 것. 이를 위해선 콘텐츠 내용에 부합하는 사람 또는 업체에 취재 협조를 구해야 한다. 콘텐츠가 매체에 그대로 실릴 경우에는 수월한 반면, 브랜드(또는 업체) 사보일 땐 조금 복잡하다. 취재 요청한 브랜드를 소개하는 첫 단계부터 꼬일 수 있어서다. 이럴 땐 콘텐츠 내용을 설명하기도 전에 해당 브랜드에 대한 오해 탓에 본론은 꺼내지도 못한 채 거절당한다.

카드 회사의 레스토랑 소개 매거진 제작에 참여한 적이 있다. 카드사가 매체에 콘텐츠 제작을 맡겼고, 그 매체가 나에게 취재를 의뢰한 구조다. 레스토랑 소개 콘텐츠는 많이 해왔던 터라 어려움이 없을 줄 알았다. 그런데 카드 회사 매거진에 실릴 콘텐츠 제작이라 밝히니 난색을 표하는 레스토랑이 더러 있었다. 심지어 카드 회사의 이름을 듣자마자 전화를 툭 끊어버린 곳도 있었다. 단단히 오해를 하고 있는 것 같았다. 전화를 다시 걸어 보니 '카드 영업에 관심 없다', '매거진에 실리는 대가로 카드 회사에 수수료를 내야 한다'는 등의 이유에서 그랬다고. 우선 숨을 고른 다음, 제작 의뢰받을 때 들은 대로 침착하게 설명했다. 카드 회사는 매거진 출간이 목적일 뿐 이걸로 레스토랑에 금전적인 요구는 하지 않는다고. 하지만 이미 자리 잡은 거부감은 쉽게 사그라지지 않았다. 이렇게 카드 회사에 대한 막연한 반감을 모른 채 카드 회사를 먼저 언급하면서 퇴짜 맞는 횟수가 늘자 전략을 바꿨다. 매거진 제작사를 먼저 밝힌 다음, 카드 회사 이야기를 꺼낸 것. 같은 내용이지만 순서를 바꾸니 대화가 매끄럽게 진행돼 섭외가 순조로워졌다. 취재를 거절했던 곳에서도 동의를 얻을 수 있었다. 업무 자체는 어렵지 않았는데 콘텐츠 제작자의 정체를 밝히는 과정이 다사다난했던 터라 기억에 남는다.

새로 문을 연 가게에서 종종 발견되는 금전수도 나의 에피소드에 공감할 거라 생각한다. 아, 우선 이름부터 정확히 짚고 넘어가야겠다. 흔히 금전수라고 알고 있지만 국가표준식물목록에 나와 있는 추천명은 금전초다.

금전초는 가지에 달린 잎이 마치 동전을 꿰어

놓은 것처럼 생겼다고 해서 그 이름이 붙여졌다. 그런데 금전초가 왜 여기서 나오느냐고? 많은 사람들이 금전초라는 이름에 오해를 하고 있기 때문이다. 금전초의 '금전'을 '돈'으로 바꿔 '돈나무'라고도 부르는데 사실 정식 이름이 돈나무인 식물은 따로 존재한다. 이 둘의 정체를 파악하려면 우선 금전초부터 제대로 알 필요가 있다. 금전초의 학명은 *Zamioculcas zamiifolia* Engl.인데 '*Zamioculcas*'는 멕시코 소철을 가리키는 학명인 '*Zamia*'와 토란을 가리키는 학명인 '*Colocasia*'가 합쳐진 것. 토란을 뜻하는 학명은 줄기가 토란(또는 감자)처럼 큼직한 데서 비롯됐다. 고향인 아프리카 탄자니아의 건조하고 가뭄이 드는 기간에 식물 전체에 물을 공급하기 위해 발달된 구조다. 여기에 멕시코 소철과 유사한 잎을 뜻하는 '*zamiifolia*'가 붙었다. 외국에서는 학명의 앞 글자를 따 'ZZplant'라고도 부른다. 식물학적으로 천남성과에 속한다. 생명력이 강해 키우기에도 어렵지 않다. 이제 막 개업해 정신이 없어 금전초에 물 주는 걸 잊었어도 크게 걱정하지 않아도 될 것 같다. 물론 관심 갖고 잘 챙겨주면 좋지만!

돈나무는 돈나무과에 속하며 금전초와는 다른 식물이다. 돈나무라는 이름의 유래는 이렇다. 열매에서 나오는 점액을 먹기 위해 모여든 곤충을 보고 사람들이 '똥'나무라고 불렀단다. 그때 이 나무를 가져간 일본인들이 발음이 어려워 '돈'나무로 불렀는데 반대로 한국에 들어와 우리도 돈나무라고 부르기 시작했다고. 사연을 모른 채 둘 다 돈과 연관 지어 혼용하면서 결국 그 정체성도 모호해졌다. 실물을 직접 보지 않고 전화로 돈나무를 주문했는데 금전초가 배달되었다거나, 그 반대의 경우도 심심치 않게 일어난다고 한다.

섭외 말고도 프리랜서인 나를 소개하는 데에도 오해가 몇 번 있었다. 매체의 프리랜스 기자라고 하니 상대방이 프리랜서 기자라는 개념을 잘 몰라서 설명하는 데 시간이 많이 걸렸다. 담당자를 직접 만났을 땐 나에 대한 믿음을 줄 확실한 수단이 필요했다. 이러한 상황이 반복되자 서둘러 명함을 만들었다. 처음엔 소속도 없는 프리랜서가 무슨 명함이 필요할까 싶었는데 역설적으로 그래서 더 필요했다. 이름, 연락처, 직업이 명확하게 적힌 작은 종이 한 장이 나의 정체를 명확하게 밝히고 상대방에게 신뢰를 주기 때문이다. 예전에는 '어떤 잡지사 사람이 나와서 취재한다'였다면 명함을 건넨 다음부터는 '김현경 프리랜스 기자님이 월간 ○○○에 실릴 기사를 취재한다'로 이름과 직업, 해당 매체명, 업무 내용을 쉽게 인지했다. 전자도 어쨌든 의미가 대충 통하고 취재하는 데 지장은 없겠지만 정확히 의사소통해야 오해의 소지가 줄어들기 마련이다. 게다가 요즘처럼 출처가 불분명한 정보가 넘치는 상황이라면 더욱 그렇다. 제2의 금전초를 만들거나, 금전초와 같은 억울한 일을 당하지 않으려면 번거로워도 세심하게 신경 쓸 필요가 있겠다.

금전초	천남성과 자미오쿨카스속 / *Zamioculcas zamiifolia* Engl.
	광택이 있는 동그랗고 도톰한 잎이 나고 토란처럼 생겼다. 간접광이 있는 실내에서도 자라며 과습에 주의해야 한다.

제2의 전성기를 기대하며

대추나무

최근에 대추를 먹은 게 언제였더라? 그 마지막이 가물가물해 곰곰이 생각해 봤다. 1년에 두 번, 열 알 남짓 먹는 것 같다. 여름이면 으레 챙겨 먹는 삼계탕 속 닭 육수 머금은 대추, 명절 차례상에 올려진 대추가 전부다. 차례상에 올려진 건 상이 치워지는 상황에 따라 먹을 수도, 못 먹을 수도 있다. 지난 설날엔 대추가 너무 빨리 냉장고 속으로 들어가서 못 먹었다. 이러니 기억이 안 나지. 맞다, 대추는 있으면 먹지만 없다고 해서 일부러 찾아 먹진 않는다. 밤과 흑임자처럼 음료나 디저트 메뉴로 다양하게 개발되지 않은 편이라 카페에서도 찾기 어렵다. 전통찻집에서 바삭하게 말린 대추를 곁들여 내어주는 이때가 아니면 보기 드물다.

한국에서 대추는 오래 전부터 여러모로 의미가 남달랐다. 대추나무는 다른 나무들이 이미 잎을 다 피운 뒤인 4월 말이나 5월이 되어서야 잎을 틔운다. (이처럼 남들보다 느긋한 모습을 두고 어른들은 '양반나무'라고 불렀단다) 그리고 늦여름까지 꽃을 세 번이나 피우고 가을이 되면 열매를 맺는다. 수확량이 많고 심은 그 해에 바로 열매를 볼 수 있어 먹을 것이 부족했던 옛날 선조들은 생산성이 좋은 대추의 경제적 가치를 높이 샀다. 폐백 할 때 대추를 던져주는 풍습도 풍성하게 열매를 맺는 대추나무처럼 자손들도 번성하라는 의미다. 그뿐만 아니라 대추나무는 마모가 잘 안 돼 물건을 만들면 오래 사용할 수 있는 실용적인 소재이기도 하다. 떡메를 비롯한 각종 생활용품부터 태평소 등의 악기를 만드는 데 두루 사용되었다.

'벽조목'이라고 불리는 벼락 맞은 대추나무는 양기가 세, 화를 물리치고 복을 부른다고 하여 한때 도장 재료로 인기가 좋았다. 한약을 달일 때, 약재의 떫은맛을 누그러뜨리고 여러 재료들을 한데 어우러지게 하는 비결도 대추의 달콤한 맛이다. 어라, 그러고 보니 우리나라를 대표하는 최장수 드라마도 〈대추나무 사랑걸렸네〉잖아? 그동안 크게 의식하지 않았지만 사실 대추는 오랜 세월에 걸쳐 우리 삶에 깊숙이 자리하고 있었다. 우리나라가 원산지는 아니지만 대추를 찾는 사람이 없어지면 대추와 관련된 우리의 오랜 문화도 같이 잊힐까 봐 우려된다.

최근 몇 년 전부터 대추에 반가운 변화가 일기 시작했다. 대추의 한 품종을 개량한 사과대추의 등장이다. 농가에 따라서 왕대추,

황제대추 등으로 불린다. 기존 대추가 손가락 한 마디에서 한 마디 반 정도의 크기로 길쭉하다면 이 사과대추는 탁구공처럼 동그랗고 과육의 비중이 크다. 기존 대추는 한입에 넣고 몇 번 오물오물하면 과육과 씨가 분리되는 반면, 이 대추는 몇 번 베어 먹어야 한다. 식감이 아삭아삭하고 당도 높은 과즙이 풍부해 이름 그대로 사과를 먹는 듯하다. 또한 껍질째 한 번에 먹을 수 있어 음식물 쓰레기가 나오지 않는다. 뒤처리가 깔끔한 걸 선호하는 요즘 먹거리 추세에도 맞는다. 사과대추를 찾는 사람이 많아지면서 대추 농사를 짓는 사람들도 많아졌다고 한다. 대추를 일반 과일처럼 상품화하는 움직임과 SNS를 통한 농장 직거래도 활성화돼 사과대추를 더 자주 만날 수 있고 다양한 품종이 등장할 거라 기대된다.

몇 년 전 중국 시안의 재래시장에서 지역 특산물인 대추를 사 먹었는데 '대추가 이렇게 클 수도 있어?' 하며 놀랐다. 지역 기후의 영향으로 대추가 유난히 크게 자라서 특산물이 된 건지, 특산물이라서 품종 개량이 된 건지, 인과관계는 명확하지 않다. 하지만 사과대추의 등장으로 그때 먹은 대추를 사람들에게 쉽게 설명할 수 있고 이야깃거리가 생겨서 반가울 따름이다.

한국의 딸기가 다른 나라의 딸기보다 당도가 높아 해외에서 'K-딸기'라 불린다고 한다. 비싼 가격에도 불구하고 그 맛과 품질이 뛰어나 찾는 사람들도 많다고. 홍콩 여행 중에 만난 현지인은 "한국 사람이라 맛있는 한국 딸기를 많이 먹겠다"며 나를 부러워했다. 내가 직접 딸기를 재배하는 것도 아닌데 어깨가 으쓱해지는 순간이었다. 딸기를 향한 세계인의 관심은 연유나 꿀로 재운 딸기에 우유를 부어 먹는 'K-딸기우유'까지 이어졌다. 딸기에 관한 1차원적인 수준을 넘어 홈카페나 디저트 등 한국의 식문화까지 전파된 셈이다. 행복 회로를 가동해 사과대추도 'K-대추'로 주목받고 그 문화도 널리 공유되기를 바라본다.

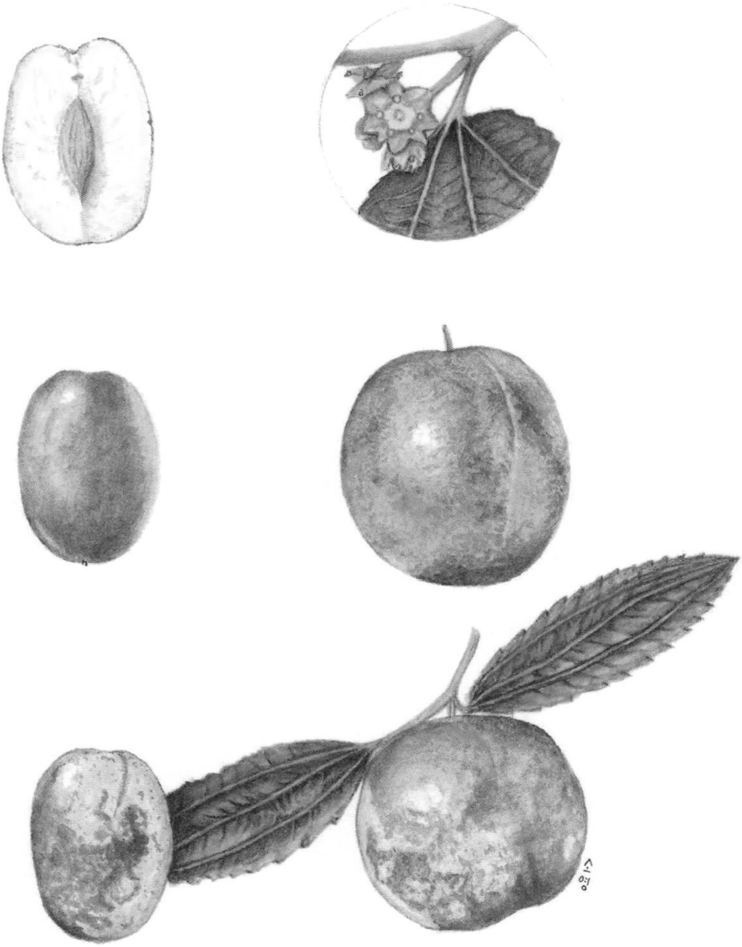

<table>
<tr><td rowspan="2">대추나무</td><td>갈매나무과 대추나무속 / Ziziphus jujuba Mill. var. inermis (Bunge) Rehder</td></tr>
<tr><td>잎이 4월 말에서 5월 초 사이에 나며 열매는 9~10월에 적갈색으로 익는다.</td></tr>
</table>

깨달음을 주는 꽃
동백나무

여행 가기 전, 일정을 짜야 마음이 편하다. 발길 가는 대로 가자고 작정한 즉흥 여행도 목적지로 향하는 차 안에서 안절부절못하다가 결국엔 일정을 완성하고야 만다. 여기에는 평소에 가보고 싶었던 곳이 주를 이루는데 얼마 전부터는 사진이 잘 나오는 곳도 포함시키기 시작했다. 여행에서 사진이 중요하게 된 건 직업병도 한몫했다.

요즘은 사진 명소를 미리 찾아본 다음, 그대로 사진을 찍어 SNS에 공유하는 추세다. '뷰 맛집', '인생 사진 명소' 같은 단어가 등장한 배경도 바로 여기에서 비롯되었을 터. 사진이 예쁘게 나오면 SNS상에 노출이 잘 되고 해당 계정으로 사람들이 모인다. 내가 만드는 콘텐츠는 브랜드 SNS에 게재된다. 당연히 조회수가 높고 공유도 활발히 이루어져야 한다. 그러기 위해선 눈길을 끄는 사진은 필수다. 취재할 때 여행지로서 갖춰야 할 요건과 더불어 '여기서 멋진 사진도 남길 수 있다'는 것까지 강조하게 된 이유다. 긴 설명보다 사진 한 장이 주는 힘이 막강하다는 걸 체감하며 더 신경 쓴다.

지난겨울, 비행기 타기 6시간 전에 티켓을 구해 제주도로 향했다. 전날 저녁 식사할 때까지만 해도 다음 날 아침, 내가 비행기를 탈 거라곤 상상도 못했을 정도로 갑작스러웠다. 이왕 이렇게 된 김에 제대로 즉흥 여행을 즐겨 보자며 아무런 일정도 세우지 않기로 결심했다. 해안 도로를 따라 바닷바람을 맞으며 드라이브만 할 생각이었다. 가는 길에 괜찮은 곳이 나타나면 안전하게 차를 세우고 크게 심호흡하며 풍경을 감상하자는 게 전부. 하지만 김포 공항을 가는 길에 다시금 직업병이 도져 제주 공항에 내린 이후의 일정을 시간 단위로 정리해 버렸다.

전부터 가고 싶었고 인증 사진 하나는 꼭 남기고 싶었던 동백나무 군락지를 일정에 포함시켰다. 찬바람이 부는 한겨울 추위 속에서 고고하게 붉은 꽃잎을 뽐내는 동백꽃이 매력적인데다 다른 사람들의 여행 사진을 볼 때마다 '나만 동백나무 인증 사진 없어'라며 아쉬워했기 때문이다. 하지만 동백나무와 근사한 사진을 남기겠다는 기대는 제주 공항 도착과 동시에 시들어버렸다. 바로 전날, 누군가가 동백나무 군락지에서 찍은 사진을 봤는데 꽃이 다 떨어진 게 아닌가. 내 머릿속의 인증 사진은 이게 아닌데! 순간 김이 확 샜다. 동백나무 군락지가 숙소에서 멀었던 터라 '이번엔 때가 아닌가 보다' 하며 생략했다.

이듬해 봄, 해외여행객을 타깃으로 한 한국 여행 콘텐츠를 제작했다. 수도인 서울은 물론 춘천, 전주, 강원 등 서울에서 대중교통을 이용해 갈 수 있는 곳도 소개했다. 제주도 역시 비행기로 1시간 거리니 포함시켰다. 그리고 흰 눈과 붉은 꽃이 공존하는 신비로운 풍경이 여행객의 마음을 사로잡기에 충분하다는 에디터로서의 판단, 그리고 가보지 못한 데서 비롯된 (개인적인) 아쉬움을 더해 동백나무 군락지를 제주도 추천 여행지 중 한 곳으로 선정했다. 더불어 여행 기념품으로 동백나무를 활용한 굿즈를 소개했고 그 과정에서 동백나무의 의미를 깊게 되새길 수 있었다.

동백나무 꽃은 보통 11월부터 이듬해 4월 사이에 피고 진다. 붉은색 꽃잎 5~7장이 동그랗게 서로를 감싼 생김새가 잿빛의 삭막한 겨울에 따스한 불꽃을 켜둔 것 같다. 이 붉은 꽃잎을 두고 한국의 겨울이 다른 곳보다 춥고 수분의 매개자인 새의 눈에 띌 수 있도록 더 진해졌다는 이야기가 있다. 뚜렷한 근거는 없지만 왠지 그럴듯하게 들린다. 이처럼 혹한에도 불구하고 뜻을 이룬 동백꽃의 모습은 강한 의지의 상징이 되기도 한다. 꽃을 자세히 보면 노란 꽃가루 주머니가 있는데 붉은 꽃잎과 강렬한 대비를 이룬다. 이렇게 특별한 꽃은 지는 모습도 예사롭지 않다. 꽃잎이 하나씩 떨어지지 않고 통째로 떨어지기 때문이다. 꽃잎이 하나씩 서서히 떨어지면 완전히 질 때까지 그 아쉬움을 벗 삼아 아름다움을 더 오래 즐기고 여운도 남을 텐데. 그걸 허용하지 않는 눈치다. 한편으로는 화려한 꽃이 한순간에 떨어지는 모습이 무상을 일깨워 준다고 하여 사찰 주변에 동백나무를 심는다고도 전해진다.

동백꽃이 툭 떨어진 모습은 강요배 화백에게 영감을 줘 그의 작품 〈동백꽃 지다〉에 제주 4·3 사건의 피해자로 표현되었다. 불시에 생명을 다한 동백꽃이 수탈과 탄압에 저항하다 희생당한 제주도민을 떠오르게 해 안타까움을 자아내는 작품이다. 그림을 보며 역사를 자세히 알려고 하지 않던 지난날의 나를 반성했다.

얼마 전 정부는 국가 권력에 의해 대규모 희생이 이루어졌음을 인정하고 유족과 제주도민을 위한 공식 사과문도 발표했다. 또한 '제주 4·3 사건 진상규명 및 희생자 명예회복에 관한 특별법'이 전면 개정되었으며, 당시에 억울한 옥살이를 한 피해자들은 무죄를 판결 받아 누명을 벗었다. 뜻이 있는 제주도민과 국민들은 동백꽃을 제주 4·3 사건의 상징으로 삼고 4월 3일마다 동백꽃 배지를 달자는 캠페인도 진행하고 있다. 그뿐만 아니라 제주도를 기반으로 활동하는 작가들은 동백꽃을 모티브로 한 다양한 상품을 개발해 이러한 관심이 지속되도록 힘을 모으고 있다.

피어 있을 때는 물론 덧없이 진 모습에서도 깨달음을 주는 동백나무를 보니 많은 생각이 든다. 제주 4·3 사건과 동백나무를 제대로 알았더라면 동백꽃이 진 모습에서도 의미를 헤아렸을 텐데. 사진이 기대와 다르다는 이유로 동백꽃을 보러 가지 않은 게 후회된다. 꼭 알아야 하는 건 뒷전으로 한, 심지어 알려고도 하지 않은 나의 태도를 직업병이라고 치부한 태도 역시 반성해야겠다.

동백나무	차나무과 동백나무속 / *Camellia japonica* L.
	11월~4월에 가지 끝에 붉은 꽃이 피며 국내에는 제주도, 장흥, 강진 등지에 군락지가 있다.

이름이 뭐예요?
디스키디아

'김현경'이라는 내 이름은 꽤 평범한 편이지만 비슷한 이름들이 많다. 예를 들면 현정, 현영, 영경처럼 한 글자 정도 발음이 비슷한 다른 음절이 오곤 한다. 이러한 이름을 가진 사람 중에 유명인이 있어서 그런지 내 이름은 저 중에 하나로 잘못 불리는 경우가 많다. 저 이름들이 별로라는 말이 아니다. 그저 내 이름이 제대로 불렸으면 하는 마음뿐이다. 기대했던 상을 받는 자리에서 이름 석 자 중 앞의 두 음절이 불리고 남은 한 음절, '경'이 나오기까지 그 짧은 시간 동안 '이름이 잘못 불리지는 않을까' 하며 초조했던 적도 있었다. 이름이 맞게 호명돼도 안심할 수 없었다. 상장에 이름이 제대로 적혔는지도 확인해야 하기 때문이다. 이름이 잘못 적힌 상장은 내 것인데도 내 것이 아닌 찜찜함에 수상의 기쁨을 온전히 만끽할 수 없었다.

일상에서도 이름이 잘못 불리는 상황은 많다. 이름을 문자로 보냈는데도 잘못 저장되어 있거나, 업무상 만난 사람에게 다른 이름으로 소개된 적도 부지기수. 종종 이러한 상황이 연달아 생기다가 운 좋게 한번 이름이 제대로 불리면 그동안 쌓인 서운한 감정이 눈 녹듯 사라진다. 내게는 그만큼 중요한 문제인가 보다. 이름이 맞게 불리는 건 당연하지만 그 당연한 게 신경을 쓰이게 한다.

이렇게 이름에 민감한 내가 이름으로 큰 실수를 저질렀다. 집에 걸어둘 행잉플랜트를 찾을 때였다. 틸란드시아 우스네오이데스(주로 수염틸란드시아라고 불린다) 하나만 놓으니 허전해서 친구를 만들어줄 생각에 다른 식물을 알아보다가 디스키디아에 관심이 갔다. 디스키디아? 이름은 조금 생소할 수 있다. '디시디아'라고 알려진 식물이 디스키디아다. 디스키디아는 라틴어로 '*Dischidia*'라고 표기하는데 이걸 한글로 쓰고 말하는 과정에서 '디시디아'라고 불리게 된 것. 실은 나도 디시디아로 검색하다가 우연히 알았다. 디스키디아가 자신의 이름이 이렇게 많은 사람들에 의해 잘못 불리는 걸 안다면 얼마나 속상할까? 이름이 잘못 불렸을 때의 심정을 누구보다 더 잘 알기에 올바른 이름, 디스키디아로 기억해야겠다.

디스키디아는 중국, 인도를 비롯한 열대지방에서 자생하며 자연 상태에서는 나무에 붙어서 사는 착생 식물이다. 살아가는 데 토양이 필요하지 않아서 즉, 화분이 없어도 돼 주로 코코넛 껍질이나

나무에 붙여진 상태로 판매된다. 같은 이유로 공중에 걸어서 키우는 행잉플랜트로도 인기가 좋다. 물 주는 방법은 틸란드시아 우스네오이데스와 비슷하다. 세면대나 세숫대야에 물을 받아 30분가량 푹 담가놓은 뒤, 다시 꺼내 착생되어 있는 자재가 마르도록 바람이 잘 통하는 곳에 두면 된다. 공중 습도가 높은 것을 좋아해서 분무기로 잎에 물을 뿌려주어도 된다.

디스키디아는 그 생김새와 특징에 따라 종류가 다양하다. 내 마음을 사로잡은 건 디스키디아 멜론이라고 불리는, 디스키디아 오바타다. '오바타'라는 이름이 '멜론'으로 바뀐 건 진한 초록색과 하얀색 줄무늬 잎이 수박을 닮아서다. 집에 무늬가 화려한 식물이 없어서 식물들 가운데 두면 포인트가 될 것 같았다. 이렇게 자리 배치까지 미리 계산하며 디스키디아 오바타를 들이는 쪽으로 마음이 기울 때쯤 예상치 못한 아주 중요한 사실 하나를 알게 됐다. 자연에서 살아가는 몇몇 특수한 형태의 이파리를 가진 디스키디아에 개미들이 산다는 것. 그래서 '개미호텔', '개미공장'이라는 별명도 있단다. 하아… 새로운 식물을 들일 생각에 한껏 들뜬 마음에서 힘없이 바람이 새어 나왔다. '자연에서 살아가는'과 '몇몇의'라는 조건이지만 갑작스러운 개미의 등장에 덜컥 겁이 났다. 아직은 식물을 좋아하는 마음보다 곤충을 무서워하는 마음이 훨씬 더 큰 탓이다. 개미가 해로운 곤충의 공격을 막고 그 배설물은 디스키디아에 영양분을 공급할 수 있다. 하지만 나는 아직 곤충까지 품을 마음의 준비가 안 됐다. 디스키디아는 사진이나 플랜테리어가 근사한 가게에서 보는 걸로 만족해야겠다. 하나 더! 이름을 헷갈리지 않게 마음속으로 반드시, '디스키디아, 안녕!'이라고 이름까지 붙여 인사를 건네야겠다.

디스키디아	협죽도과 디스키디아속 / *Dischidia ovata* Benth.
	나무에 붙어서 사는 착생 식물로 행잉플랜트로 인기가 좋고 잎에 수박처럼 줄무늬가 그려져 있다.

숲길을 따라 걸어요

메타세쿼이아

세계 곳곳에서 화석이 발견돼 과거에만 존재했다고 알려진 메타세쿼이아. 1940년대 중국의 어느 임업 공무원이 살아 있는 메타세쿼이아를 발견했고 이듬해, 베이징의 생물연구소가 '메타세쿼이아가 현존한다'고 보고했다. 당시만 해도 빙하기 이후 사라진 줄 알았던 나무가 살아 있다는 발표에 많은 이들이 놀랐다. 이를 계기로 메타세쿼이아는 '살아 있는 화석'이라는 별명을 갖게 됐다. 참고로 메타세쿼이아의 '메타'는 세쿼이아와 같은 과이고 닮았지만, 세쿼이아 이전부터 존재했다는 걸 나타내기 위해 붙여졌다.

메타세쿼이아는 키가 20미터 넘게 자라고 가지가 이등변 삼각형을 이룬다. 멀리서 보면 만화나 동화 속에 나오는 전형적인 나무의 형태다. 어렸을 적, 나무를 그릴 때 그렸던 딱 그 모습. 가지에는 바늘처럼 생긴 잎들이 촘촘하고 무성하게 나 있어 멋스럽다. 하나하나가 모여 숲을 이루었을 때의 풍경도 장관이다. 덕분에 담양을 비롯한 전국 곳곳에 이름난 메타세쿼이아 숲길이 있다. 가까운 서울에도 있다. 그중에 내가 가본 곳은 두 곳. 하나는 하늘공원, 다른 하나는 안산자락길이다.

하늘공원 숲길은 결혼을 앞두고 모바일 청첩장 사진 촬영을 위해 갔다. 결혼을 준비하면서 불필요하다고 판단되는 건 과감히 생략했는데 그중 하나가 스튜디오 촬영이었다. 웨딩 매거진 에디터로 일하면서 스튜디오 촬영에 대한 로망이 없어진 데다 '나중에 우리가 그 사진들을 얼마나 자주 볼까?'라는 물음에 나와 남편 둘 다 '거의 안 볼 것 같다'며 뜻이 통했기 때문. 스튜디오 촬영을 하지 않은 터라 모바일 청첩장에 넣을 사진이 없던 우리는 거기에 필요한 사진만 직접 해결하기로 했다. DSLR 카메라와 삼각대를 들고 셀프 웨딩 촬영 명소로 이름난 하늘공원으로 향했다.

숱한 화보 진행 경력을 살려 최소한의 동선으로 촬영하고 대망의 메타세쿼이아 숲길만 남았다. 스냅 촬영 장소로 워낙 유명해 우리 같은 사람이 많을 줄 알았는데 한적했다. 덕분에 미리 구상해 놓은 구도로 자유롭게 촬영할 수 있었다. 하지만 집에 돌아와 사진을 보니 절망하지 않을 수 없었다. 줄 지어진 메타세쿼이아를 따라 시원하게 뻗은 산책로와 싱그럽고 울창한 분위기는 잘 담겼는데 내가 너무 짜리몽땅하게 나왔다. 하필이면 그때 입은 바지가 헐

렁해서 더 못나 보였다. 나름 신경 쓴다며 카메라를 최대한 바닥에 붙이고 렌즈 부분만 살짝 들어 올려 비율을 살렸는데 그것만으로는 부족했나 보다. 배경이 워낙 훌륭해서 기대가 컸던 터라 실망도 컸다. 포토샵으로 늘렸더니 현재 사진에서 비율이 딱 좋게 나온 남편의 다리가 이상하리만큼 길어져서 포기. 내 능력 밖의 문제였다. 이 사진을 쓸지, 말지 고민하다가 결국 사진첩에만 고이 간직하기로 했다. 이럴 줄 알았으면 메타세쿼이아 숲길에서 느긋하게 산책이라도 할 걸.

안산자락길은 3년 전 유제품 업체 책자에 실릴 '도심 속 숲길' 칼럼 취재를 위해 들렀다. 참고로 안산자락길은 경기도 안산이 아닌 서울시 서대문구에 위치하며 독립문역이나 서대문자연사박물관과 가깝다. 노면이 데크로 되어 있어 산을 잘 못 타는 나도 부담 없을 것 같아 조사할 때부터 마음에 쏙 들었다. 본격적인 촬영에 앞서 포토그래퍼와 숲길의 풍경을 어떻게 담을지 의논하며 둘러봤다. 그리고 포토그래퍼가 촬영하는 동안 나는 잠시나마 숲이 주는 풍요로운 기운을 받았다. 숲길의 규모가 아주 크지는 않았지만 하늘 높이 쭉쭉 뻗은 나무의 자태가 마감 스트레스를 한 방에 날려줬다. 때마침 새소리도 들려오고 햇볕도 덥지 않을 정도로 따스했다. 일을 즐기면서 하는 성격이 아닌 탓에 그 규모가 크건, 작건 긴장의 끈을 놓지 못한다. 그날은 촬영할 곳이 줄줄이 예정되어 있어 예민했는데 그게 좀 누그러졌다. 그곳이 마지막 촬영지였더라면 포토그래퍼를 먼저 보내고 숲에서 시간을 더 보내고 즐겼을 텐데. 좋은 상황에서는 늘 아쉬움이 남는다.

메타세쿼이아 숲의 여운을 간직한 채 지내던 중 우연히 구로구 오류동에 위치한 항동 철길의 메타세쿼이아 숲길을 알게 됐다. 사진을 찾아보니 기찻길과 메타세쿼이아 숲길이 어우러진 모습이 이색적이다. 여기도 조만간 가볼 생각이다. 정감이 가는 기찻길과 인류보다 더 오래 지구를 살아온 강인한 생명력의 메타세쿼이아의 만남이라니! 벌써부터 가슴이 뛴다.

메타세쿼이아	측백나무과 메타세쿼이아속 / *Metasequoia glyptostroboides* Hu & W.C.Cheng
	20미터 이상 자라며 바늘잎이 무성하게 나고 수형이 아름다워 가로수, 관광지에 많이 심는다.

우리의 것을 지켜주세요

목련

'모든 학교가 빨아먹을 정기 하나쯤은 있을 정도로 산이 많은 나라'라는 우스갯소리가 있을 만큼 우리나라는 국토에서 산이 차지하는 비율이 약 70퍼센트로 높은 편이다. 그러고 보니 교가에는 어김없이 산이 등장한다. 그뿐만 아니라 나무와 꽃도 등장한다. 내가 다닌 고등학교도 마찬가지다. 교가에 산도, 나무도, 꽃도 등장한다. 교화는 목련이었는데 그래서인지 교문에서 수업 받는 건물로 이어지는 길에는 목련이 심겨 있었다. 목련이 핀 걸 보면 '이제 진짜 봄이구나' 하고 생각하는 동시에 알새우칩을 떠올렸다. 알새우칩은 떡국 떡과 비슷하게 생긴 새우맛 과자로 하얀 목련 꽃잎과 많이 닮았다. 아름다운 꽃을 보며 과자를 연상하다니. 어쨌든 가까이에 산과 나무가 있는 덕분에 은연중에 영향을 받았다.

3월은 시기상으로는 봄이지만 꽃샘추위가 채 가시지 않은 시기. 쌀쌀한 공기 탓에 마음까지 위축됐는지 새 학기 스트레스가 이만저만이 아니었다. 더구나 이때는 내 성적으로 어느 대학에 갈 수 있는지를 가늠해 보는 전국 모의고사도 있었다. 그 성적을 바탕으로 진학 상담도 하고 한 학기의 학습 방향을 잡아야 하기에 예민이 극치에 달했다. 하지만 한 달 후, 목련이 피기 시작할 때쯤이면 학교생활에 적응하고 모의고사 결과가 나와서 복잡한 머리가 어느 정도 정리됐다. 친구들과도 제법 친해져 소소한 장난도 치는 여유가 생겼다. 목련을 가리키며 '저기 알새우칩 폈다'면서 농담하거나 떨어진 꽃잎을 모아 '알새우칩 먹으라'며 친구 손에 쥐여주며 당황해하는 표정을 보고 좋아했다.

하지만 적응이 마냥 좋기만 한 건 아니었다. 아침 6시 기상에 익숙해지니 5분, 10분씩 점점 늦게 일어나게 됐다. 지각을 면하려면 전속력으로 뛰어야 했다. 그때마다 바닥에 떨어진 목련 꽃잎을 이리저리 피하려다 다칠 뻔한 적이 여러 번. 발이 불안정해 어쩔 수 없이 밟았는데 기분이 썩 좋지 않았다. 도톰한 꽃잎이 내 무게에 짓이겨지는 느낌이 그대로 전해질뿐더러 꽃잎에 남아 있는 마지막 생명의 기운을 뭉개버리는 것 같았기 때문이다. 그때의 그 기분이 여전해서 지금도 바닥에 떨어진 꽃잎은 밟지 않는다.

학창 시절의 봄을 떠오르게 하는 목련을 최근 여름에 만났다. 서울식물원의 차 수업에서 선생님께서 소개한 목련차가 그 주인공. 여름에 목련차를 마신다는 생각에 한껏 들뜨려던 찰나 이어진 선생님의 설명에 정신이 번쩍 들었다. 일반적으로 목련이라고 알려진 꽃이 사실은 토종 목련이 아니라 중국이 자생지인 외래종 백목련이라는 것. 목련이라고 해서 다 같은 목련이 아니라고?

이 둘의 가장 큰 차이는 꽃잎의 생김새. 목련은 꽃잎이 대개 6장으로 꽃봉오리가 벌어져 있고 꽃잎 바깥쪽 밑동이 불그스름하다. 백목련은 꽃잎이 6~9장으로 꽃잎이 종처럼 봉긋하게 모아져서 나고 목련보다 넓적하다. 꽃받침이 있으면 목련, 없으면 백목련으로 판단하는 이들도 있다. 백목련이 좀 더 눈에 띄기 때문에 공원, 학교, 아파트 단지 등에 많이 심겨진다. 일부 전문가는 일상에서 만나는 대부분의 목련을 백목련이라고 봐도 무방할 정도로 널리 퍼져 있다고 말한다. 지자체나 학교의 상징 꽃으로 목련을 지정한 경우도 이 둘을 혼동해 공식 홈페이지에 목련이 아닌 백목련 사진을 게재한 곳이 더러 있었다. 어쩌면 내 기억 속의 목련도 토종이 아닌 백목련일 확률이 높겠다. 봄마다 외래종 목련을 더 많이 마주한다는 사실이 씁쓸하다.

학창 시절 새 학기의 부담감을 덜어주고 새롭게 사귄 친구들에게 친근감을 표현할 수 있게 해준 꽃. 좋았던 추억에 취해 정작 그 주인

공인 목련에게는 무심했다. 종종 우리 토종 동물이 기하급수적으로 늘어나는 외래종을 잡아먹어 생태계 질서를 유지하는 모습을 보며 희열을 느끼고 토종 동물을 응원했는데 그 반대의 경우가 너무 가까운 곳에 있었다니! 외래종과 토종은 자세히 보지 않으면 모를 정도로 차이가 미세하지만 자주 만나면 나도 모르는 사이에 영향을 받을 수밖에 없다. 나 하나로 모든 백목련이 목련으로 바뀌지는 않겠지만 차이를 알게 되었으니 이제부터라도 목소리를 낼 기회가 온다면 내 역할을 해야겠다.

목련

목련	목련과 목련속 / *Magnolia kobus* DC.
	겨울눈은 보송보송한 솜털이 나 있으며 봄이 되면 6장의 하얀 꽃잎이 핀다.

백목련

가시투성이가 품고 있는 이야기
밤나무

음식을 먹다가 종종 '사람이 어떻게 이걸 먹기 시작했을까?'라는 생각이 들 때가 있다. 특히, 게나 새우처럼 껍데기가 딱딱하고 호락호락하지 않게 생긴 것들이 그렇다. 게장을 먹을 땐 십중팔구다. 꽃게를 좋아하지만 첫인상까지 호감인 건 아니다. 2~3마디씩 꺾여 있는 다리 여러 개가 달린 모습도, 촘촘히 나있는 솜털까지… 하나하나 자세히 보면 조금 징그럽다. 하지만 식량이 부족한 상황에서 먹을 게 이것뿐이었다면 이런 외모 평가는 사치였겠다.

눈 한번 질끈 감고 '먹자'고 결심했더라도 게를 먹기 위한 난관은 더 남았다. 자칫 잘못하면 집게 다리에 손을 다칠 수 있기 때문이다. 조심스럽게 잡았어도 이걸 어떻게 요리해야 할지 막막했을 것 같다. 가장 쉬운 삶기 또는 굽기를 택했으려나? 그럼 게장은 어떤 계기로 해 먹었을까? 간장에 절이긴 하지만 날것으로 먹으면 배탈이 날 수도 있고 익혔을 때보다 비린내가 더 심해질 수도 있었을 텐데 말이다. 생각하면 할수록 궁금증이 끊이질 않는다. 지금 내가 맛있는 게장을 먹을 수 있게 해준, 용기를 내 처음으로 게장을 먹은 이에게도 고마움을 표해야겠다.

간식으로 먹는 밤도 마찬가지다. 가시가 온 사방에 촘촘하게 나 있어서 손으로 집는 것도 쉽지 않은 이 열매를 사람들은 왜 먹기 시작했을까? 심지어 땅에 떨어진 걸 언뜻 보면 이게 열매인지, 동물인지 분간도 잘 안 된다. 장갑이나 도구를 이용해 집었다 쳐도 이 가시투성이 껍데기를 굳이 왜 벗겼을까? 껍데기 안에 무엇이 들어 있는지도 몰랐을 텐데. 껍데기를 벗겼을 때 일어날 수 있는 상황, 예를 들면 독성 물질이 분사되거나 정체불명의 무언가 튀어나오는 등 이 모든 걸 예상했으려나? 이 또한 용감한 시도가 아닐 수 없다.

그렇다면 어떻게 벗겼을까? 지금은 신발 밑창이 두툼해서 가시가 난 껍데기를 잘근잘근 밟아도 발에 타격이 없지만 옛날에는 발바닥만 간신히 보호할 정도의 신발이었을 터. 발이 아닌 다른 도구를 사용했으려나? 우여곡절 끝에 껍데기를 벗기고 난 다음, 또 다른 단단한 갈색 껍데기를 마주했을 땐 당황하지 않았을까? 껍질을 한 꺼풀만 벗기면 바로 먹을 수 있는 과일과는 확연히 다른 구조니 말이다.

나였다면 여기서 멈췄을 텐데 누군가는 예상 밖 껍데기에 호기심이 동했나 보다. 이 껍데기도 워낙 딱딱해서 전용 가위가 있을 정도인데 당시엔 껍데기를 까느라 애를 많이 먹었을 것 같다.

밤을 처음 먹었을 때의 반응도 궁금하긴 마찬가지다. 익히지 않은 날것 그대로의 밤은 맛을 찬찬히 곱씹지 않으면 풍미가 잘 느껴지지 않는다. 달짝지근하지만 밤이 익는 시기에 나오는 다른 제철 과일에 비하면 당도가 약하다. 입에 착 붙기보다는 살짝 밀어내는 듯한 촉감도 조금 어색하다. 심지어 엄청 딱딱하다. 그런데 다시 생각해 보니 나처럼 자극적인 맛에 익숙한 현대인에게는 밋밋할 수 있어도 밤을 처음 접한 당시 사람들에게는 그 맛이 충분했을 수도 있겠다.

아, 너무 인간의 입장에서만 생각한 것 같다. 밤의 입장도 들어봐야겠다. 밤이 뾰족뾰족한 가시를 갖게 된 건 숲의 생존 경쟁에서 살아남기 위한 결과다. 밤송이 안에 든 밤, 즉 우리가 먹는 부분이 씨앗이기 때문이다. 이게 무슨 소리지? 대부분 과일의 경우 씨앗은 우리가 먹는 과육 안에 들어 있고 인간을 비롯한 동물이 먹으면 소화기관을 거쳐 온전한 상태로 몸 밖으로 나온다. 하지만 밤은 구조가 조금 독특하다. 갈색 껍데기만으로는 씨앗을 보호하기엔 부족해 다소 위협적인 가시투성이 보호막을 하나 더 만든 것. 앞서 '열매'라고 가리킨 부분이 엄밀히 말해 씨앗이다. 밤 입장에서는 어떻게 해서든 살아남으려고 안간힘을 썼는데 인간이 너무 눈치 없게 먹은 건 아닐까? 밤에 조금 미안하다. 하지만 밤 덕분에 우리 선조들은 식량 걱정을 조금이나마 덜 수 있었다고 한다. 영양가가 풍부하고 포만감도 커서 식량이 부족할 때 밤을 밥처럼 많이 먹어 '밥'나무라고 불렀단다. 그래서 발음하고 표기하기에 쉽도록 '밤'나무라는 이름을 지었다고. 임진왜란 때 율곡 이이가 십만양병설과 더불어 식량을 확보하기 위해 밤나무를 심을 것을 주장했다고 알려진다.

밤은 싹 틔우는 모습도 남다르다. 대부분의 식물은 싹이 종자 껍질을 밀치고 올라오는데 밤은 그 반대다. 종자의 껍질이 뿌리와 줄기에 오랫동안 매달려 있다. 사람들은 이를 두고 밤이 자신의 근본, 즉 조상을 잊지 않는다고 여겼다. 이러한 이유로 밤은 제사상 위에 없어서는 안 될 중요한 제수로 대접받고 있다.

밤나무를 이야기하다 보면 한 번쯤 등장하는 나무가 있다. 바로 너도밤나무와 나도밤나무다. 너도밤나무는 울릉도에서만 서식

한다. '밤나무'라는 이름이 무색하게 열매가 잣과 비슷하게 생겼다. 반대로 나도밤나무의 경우 열매만 밤과 비슷할 뿐 생김새는 물론 식물학적으로도 닮은 점이 없다. '나도'를 주장하며 자신을 내세우는 사람은 거짓일 확률이 높은데 이를 증명하기라도 하듯 나도밤나무는 밤나무와 큰 연관성이 없다. 반면 '너도'라며 주변에서 인정하는 사람이 진짜일 확률이 높은 것처럼 너도밤나무가 밤나무와 식물학적으로 가깝다. 그래서 각각 이름이 지어졌다고 전해진다.

생각해 보니 어렸을 적에는 매년 밤을 먹었다. 가을이면 엄마가 한 솥 쪄놓은 밤을 칼로 이등분해서 티스푼으로 밤을 파먹었다. 그땐 밤에 대해 아는 거라곤 고작 밤 2분의 1 크기에 불과했다. 갑자기 호기심이 발동해 밤에 대해 파고 또 파보니 밤 한 톨을 넘어 먹지도 못하는 껍데기까지 확장됐다. 더 나아가 기억 속 희미한 옛 전통문화까지 뻗어갔다. 바쁘다는 이유로, 당장 써먹을 일이 없다는 생각에 궁금증이 생겨도 알아보는 걸 미루곤 했다. 이렇게 새로운 지식을 쌓지 않는다면 머릿속이 다 먹고 난 밤처럼 되지 않을까? 누군가는 해답을 찾기 위해 생명이 위태로워질 수도 있는 시도까지 했는데 가만히 앉아서도 할 수 있는 걸 귀찮아했다. 이제라도 깨달았으니 모르는 것이 있다면 바로 해결하며 밤처럼 속이 알찬 사람이 되어야지.

밤나무	참나무과 밤나무속 / *Castanea crenata* Siebold & Zucc.
	6월에 특유의 향을 지닌 꽃을 피우며 9~10월에 가시투성이인 씨앗(우리가 먹는 부분)이 익는다.

참을 수 없는 여름의 맛
복사나무

여름을 대표하는 과일은 많지만 그중에서도 으뜸을 꼽으라면 단연 복숭아가 아닐까. 분홍빛이 은은하게 그러데이션 된 껍질도 예쁘고, 볼록하게 튀어나온 실루엣도 사랑스럽다. 복숭아를 모티브로 한 SNS 이모티콘도 귀엽다. 물론 가장 큰 매력은 맛! 복숭아는 편의상 천도복숭아와 털복숭아로 나뉘며, 털복숭아는 껍질이 노란 황도와 껍질이 하얀 백도로 다시 한번 나뉜다. 이 중에서 내 취향은 백도, 구체적으로는 물복숭아다. 껍질을 살살 벗겨낼 때, 과육에 칼도 대기 전부터 과즙이 손을 타고 줄줄 흐르는데 그걸 보면 입안에 저절로 침이 고인다. 어떤 때는 손질하는 그 짧은 시간을 기다리는 게 괴롭다. 한입 크게 '앙' 하고 베어 물면 꿀처럼 진하고 달콤한 과즙이 입안을 채우며 그 향이 코를 감싼다. 과육에 앞니가 '수욱' 들어가는 느낌도 좋다. 기다림을 보상해 주는 맛이다. 이렇게 복숭아를 생각만 해도 미소가 절로 난다.

얼마 전부터는 도넛처럼 생긴 납작 복숭아 맛이 궁금해졌다. 납작 복숭아는 중국이 원산지인데 미국과 유럽, 특히 스페인에서 많이 재배된다. 듣기로는 당도가 꽤 높아 한 번 먹으면 그 맛을 잊지 못해 이걸 먹으러 유럽에 갈 정도란다. 스페인에 두 번이나 갔지만 아쉽게도 그때마다 시기가 맞지 않아 먹지 못했다. 맛이 정말 궁금하다. 몇 년 전부터는 한국에서 재배되는 걸 구입할 수 있어 반가울 따름이다. 이번 여름 놓치지 말고 먹어봐야겠다. 나중에 유럽에 가서 그 맛을 비교하는 재미도 있을 테니까.

내 또래 사람들은 복숭아의 맛에 관심이 많지만 선조들은 조금 다른 관점에서 복숭아를 아꼈던 것 같다. 도교에서는 복숭아를 신선이 먹는 불사의 과일로 여겼다. 옥황상제의 부인인 서왕모가 갖고 있던 복숭아를 먹고 불사신이 된 손오공이나, 삼천갑자 즉 1갑자가 60년이므로 총 18만 년을 살았다는 동방삭에 관한 이야기도 있다. 복숭아가 불로장생을 의미하는 동시에 다른 한쪽에서는 귀신을 쫓는다고 여겨졌다. 하나의 대상이 '불로장생'과 '귀신을 쫓는 힘'이라는 이질적인 의미를 지니는 걸 보니 관점의 다양성은 시대를 막론하고 존재했나 보다.

복사나무는 잎보다 꽃이 먼저 피는데 선조들은 이를 양기가 충만해서라고 생각했다. 특히 동쪽을 향한 가지의 양기가 가장 세다고 여겨 귀신을 쫓는 힘도 강하다고 봤다. 그래서 제사를 모시는 집에서는 복사나무를 심지 않은 것은 물론 복숭아도 제사상에 올리지 않는다고. 제사상을 정성껏 차렸는데 복숭아의 귀신 쫓는 힘에 밀려 조상님이 오지 못할 수 있어서다.

복사나무를 보는 서양 사람들의 시선도 재미있다. 영화 〈쿵푸 팬더〉 1편에서 복숭아꽃이 만발한 곳에서 주인공 '포'는 전통무술을 전수받고 용의 전사로 거듭난다. 복숭아가 의미하는 불로장생이라는 신묘한 능력을 영화의 내용에 맞게 무예로 바꿔 포에게 부여한 게 아닐까 싶다. 동양 문화권에서 이상향의 상징인 무릉도원의 개념을 모르는 서양 관객도 공감할 수 있도록 감각적으로 표현한 장면도 인상적이었다.

복숭아는 씨앗 구조가 조금 독특하다. 과육을 베어 버리고 남은 내과피, 생김새를 묘사하자면 턱에 힘을 줬을 때 생기는 쪼글쪼글한 주름 같은 게 나 있는 단단한 부분을 씨앗이라 생각할 수 있는데 진짜 씨앗은 그 안에 숨겨져 있다. 초등학생 때, 교과서에 복숭아 씨앗을 붙여오는 숙제가 있었는데 이걸 몰라서 내과피를 그대로 붙이는 바람에 책이 툭 튀어나와 글씨를 쓸 때 애를 먹었다. 숙제 검사가 끝나고 다른 친구들은 그 안의 작은 씨앗만 붙인 걸 발견했을 때 느꼈던 허탈감이란. 아무튼 내과피를 벗기면 아몬드처

럼 생긴 씨앗이 나온다. (친구들이 붙인 부분이다)

새콤달콤한 복숭아와 달리 이 씨앗에서는 썩 유쾌하지 않은 냄새가 난다. '아미그달린'이라는 독성 물질이 다량으로 포함되어 있어서다. 냄새의 원인은 이 물질이 분해되면서 나오는 '청산'이라는 성분으로 몸 안에 들어오면 생존에 필요한 헤모글로빈과 효소의 작용을 방해한다. 바로 복사나무가 곤충과 동물로부터 자신을 지키는 법이다. 참고로 벚나무속 식물들, 예를 들면 자두나무, 벚나무, 살구나무 등에도 아미그달린 함량이 높은 씨앗이 있다.

어느 것 하나 허투루 생긴 것이 없는 똑똑한 복숭아를 단순히 맛있는 여름 제철 과일 정도로만 여겼다니. 역시 많이 알면 알수록 이면의 세상을 알게 돼 더 재미있게 살아갈 수 있다는 걸 또 한번 실감한다.

복사나무	장미과 벚나무속 / *Prunus persica* (L.) Batsch
	중국이 원산이며 분홍색 꽃이 아름답고 여름에 맺는 열매는 과즙이 풍부하고 달콤하다.

우리 민족의 나무
소나무

소나무는 '한국인이 가장 좋아하는 나무'라고 해도 반박의 여지가 없을 듯한 국민 나무다. '소나무 가지를 꺾어 출생을 알리고 소나무로 만든 집에서 살면서 소나무 장작을 태워 지은 밥을 먹고 살다가 소나무로 만든 관에 들어가 생을 마감한다'는 말이 전해질 만큼 예로부터 한국인의 삶과 밀접했다. 또한 척박한 땅에서도 뿌리를 내리는 '남산 위의 저 소나무'는 위기 앞에서도 강인한 우리 국민을 닮았다.

〈2021 산림임업통계연보〉에 따르면 전국의 침엽수 면적은 약 230만 헥타르이고, 그중에서 강원도는 약 43만 헥타르로 20퍼센트가량을 차지한다. 이 중 절반이 넘는 면적에는 소나무 및 해송이 심어져 있을 정도로 우리는 소나무를 좋아하고 많이 심는다.

그런데 소나무의 영어 이름은 '재패니즈 레드 파인(Japanese red pine)'이다. 왜 하필 '재팬'이 붙었을까? 알아보니 '재패니즈'가 붙은 이유는 일본에서 소나무가 처음 발견되었다는 걸 나타내기 위한 거란다. 그리고 이 이름이 식물지에 발표됐다. 우리 국민의 정신적 지주와도 같은 나무 이름에 재팬이 붙어서 심기가 불편했는데 나만 그런 게 아니었나 보다. 산림청과 국립수목원이 추진한 '우리 식물주권 바로잡기 사업'의 결과, 소나무의 영어 이름을 '코리안 레드 파인(Korean red pine)'으로 고쳤다. 체한 것 같던 속이 편안해진다. 하지만 아직까지는 재패니즈로 불리는 게 더 우세하다. 막중한 책임감을 갖고 기회가 있을 때면 코리안 레드 파인으로 불러야겠다.

솔잎은 바늘처럼 뾰족한데 잣나무 잎과 비슷하다. 멀리서 보면 구분이 잘 안 된다. 하지만 잎의 개수를 자세히 세보면 소나무는 2개, 잣나무는 5개라는 걸 알 수 있다. 물론 예외도 있다. 종종 3개나 4개인 소나무도 있는데 이 경우에는 '리기다소나무'나 '테다소나무'일 수 있다. 이 또한 예외가 있지만 거의 높은 확률로 맞아떨어진다고. 뾰족뾰족한 잎을 보면 그 개수를 세보고 누군지 가늠하는 것도 재미있겠다.

소나무는 적송 또는 육송이라고도 불린다. 적송은 나무의 껍질이 붉은색을 띠어서 붙여진 별명이며 인기가 많아 개량 품종이 다양한 편. 육송은 육지에 분포하는 소나무를 부른다.

여느 때처럼 금요일 밤, 예능 프로그램을 보려고 TV를 틀었는데 갑자기 뉴스 특보가 떴다. 강원도 고성에 산불이 났다는 소식이다. 최근 며칠 동안 건조주의보를 알리는 재난 문자가 왔어도 올해는 무사히 지나가기를 바랐는데… 결국 불이 났다. 산과 바다, 둘 다 좋아해 강원도로 자주 여행을 갔다. 불과 수개월 전에도 친구들과 강릉에서 즐거운 시간을 보냈다. 특히, 여행 마지막 날에는 숙소 앞 강문해변에 조성된 소나무 숲길을 거닐며 '숲에서 차분하게 여정을 마무리해서 좋다'며 여유를 만끽했다.

지난 2005년 봄, 강원도 양양 낙산사 화재 때도 그랬다. 낙산사는 화재가 일어나기 바로 1년 전에 갔던 고등학생 시절의 수학여행지다. 당시에는 아름다운 소나무 숲과 그림 같은 낙산사의 풍경이 영원할 줄 알았다. 화마가 이 모든 걸 집어삼킬 거라고는 상상도 못했다. (뉴스를 보면서도 그곳이 내가 갔다 온 낙산사라는 게 믿겨지지 않았다) 긴급 속보로 접한 고성 산불은 참혹, 그 자체였다. 불길이 너무 매섭고 활활 치솟아 화면을 뚫고 열기가 전해지는 것 같았다. 진행 속도 역시 빨랐다. 나무들이 불에 타버리고 맥없이 쓰러졌다. 안타까웠다. 밤이 늦어 헬기를 띄울 수도 없는 상황도, 지금 내가 할 수 있는 게 아무것도 없는 처지도. 악조건을 무릅쓰고 불길을 막기 위해 애쓰는 소방관들의 모습에 마음이 더 아팠다. 하늘이 도와 엄청나게 많은 양의 물이 한꺼번에 쏟아져서 불길을 단숨에 제압하면 좋으련만. 다음 날 아침, 화재는 소방관과 관계 부처의 노력으로 약 12시간 만에 진화됐다는 뉴스가 나왔다.

강원도에서 산불이 반복되는 특별한 이유가 있을까? 전문가들은 건조한 날씨, 지형의 특성으로 인해 발생하는 양간지풍을 원인으로 보고 있다. 양간지풍은 강원도 양양에서 고성에 이르는 구간에 부는 바람이다. 봄철, 영서 지방에서 영동 지방으로 향하는 바람이 경사가 급한 태백산맥을 내려오며 속도가 붙는데 이는 산불의 진행 속도를 빠르게 만들고 불씨를 멀리 퍼뜨리는 데 결정적인 역할을 한다. 또한 강원도 산림의 많은 부분을 차지하는 소나무는 '테레핀'이라는 기름 성분을 함유하고 있어 불이 더 잘 붙는다고. 종합해 보면 인간의 힘으로 통제하기 어려운 요인이 복합적으로 작용해 대규모 산불이 반복되는 셈이다.

나무 자체적으로 물을 많이 머금어 불을 조금이라도 더 잘 버티는 활엽수를 심어 침엽수 위주인 숲의 구조를 바꿔야 한다는 목소리도 있다. 하지만 숲을 조성하는 건 30~40년이나 되는 긴 시간을 필요로 한다. 당장 이 문제를 해결하기는 현실적으로 어려워 보인다. 현재 토양 조건에서 활엽수가 잘 자랄 수 있을지 확실하지 않다는 지적도 있다. 또한 사유림에 대한 정책적 대비나 송이버섯 재배 등 소나무로 경제 활동을 하는 농가에 대한 지원을 비롯한 현실적인 문제도 산재되어 있다. 지금 당장 명쾌한 해답이 나오고 바로 실행하면 좋겠지만 넘어야 할 산이 많다. 나 역시 전문가가 아니기 때문에 '이렇게 해야 한다'며 단정적으로 말할 수 없다. 다만 모두가 자신의 자리에서 지혜를 발휘하고 힘을 모으면 소나무에 대한 우리 민족의 사랑을 대대로 이어갈 방법이 나오리라 생각한다.

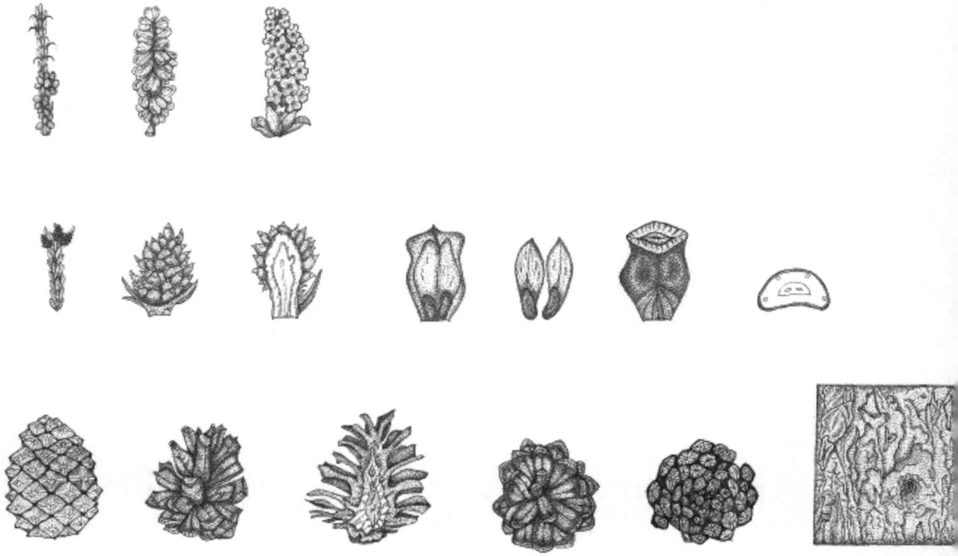

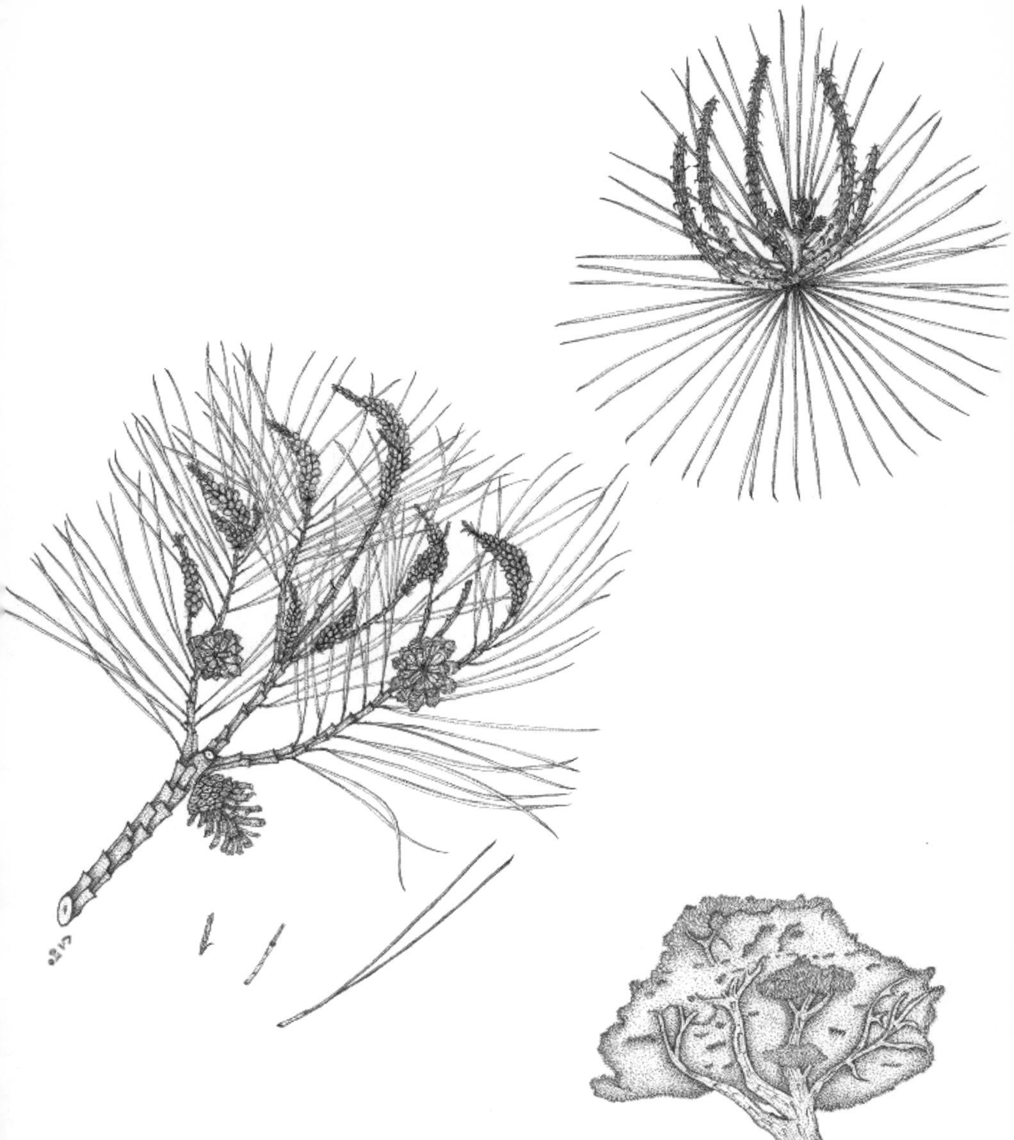

소나무	소나무과 소나무속 / *Pinus densiflora* Siebold & Zucc.
	바늘잎이 2개 나 있고 강인한 생명력을 상징해 한국인의 많은 사랑을 받고 있다.

불확실을 다루는 지혜
갈대

종종 예상치 못한 곳에서 삶을 대처하는 방식을 배우곤 한다. 며칠 전, 기사 작성에 필요한 자료를 읽으면서도 이런 기회가 있었다. 갈대의 생존 방식에 대한 이야기였다. 불확실한 것들로 가득한 요즘, 현 상황을 이해하고 어떠한 방식으로 대처할지에 대한 혜안도 얻었다.

갈대는 바람에 쉽게 흔들린다. 거대한 군락을 이루는 갈대가 일렁이는 모습은 마치 큰 파도 같다. 도심에서는 흔치 않은 장관에 감탄하면서 한편으로는 줄기가 얼마나 가늘고 힘이 없으면 저렇게 휘청댈까 싶다. "가랑비에 옷 젖는 줄 모른다"는 말처럼 아무리 바람이 약해도 저렇게 쉴 새 없이 흔들리면 언젠가 부러지지 않을까? 하며 걱정도 된다. 하지만 자연의 모든 생물은 생존을 위한 자신만의 방식이 있는 법. 갈대는 줄기가 가느다란 대신 뿌리를 넓게 퍼뜨리며 뻗어간다. 줄기가 바람에 흔들려도 뿌리가 땅에 단단하게 지탱돼서 쉽게 꺾이거나 뽑히지 않는 이유다. 일상의 균형을 깨뜨리는 외부 요인으로부터 스스로를 지키려면 우선 나부터 단단한 사람이 되어야 하는 건가? 하나를 깨달은 순간, 갈대에 관한 또 다른 사실을 발견했다.

갈대가 천적인 칠성밤나방을 상대하는 법이다. 이 나방은 갈대가 왕성하게 성장하기 전, 줄기 속에 알을 낳는다. 다 자란 갈대 줄기의 지름은 6~7밀리미터이며 그 안은 비어 있다. 문제는 알이 유충이 되면 어린 갈대 줄기와 잎을 모조리 갉아먹는다. 갈대가 크지 못하게 애초에 싹을 잘라버리는 형상이다. 그뿐만이 아니다. 갈대 하나를 다 먹어 치우면 옆으로 이동해 또 먹어 치우고, 또 이동해 먹어 치우기를 반복해서 결국 그 일대의 갈대를 전멸시킨다. 말 그대로 갈대밭을 쑥대밭으로 만들어 놓는 거다. 팔, 다리가 달린 동물이라면 유충을 치워버릴 텐데 식물인 갈대는 그럴 수 없는 노릇. 칠성밤나방에게 속수무책으로 당하는 모습에 탄식이 나오려던 찰나, 갈대의 기막힌 대처에 답답한 속이 뻥 뚫렸다.

갈대는 나방의 무자비한 공격을 2~3년간 꾹 참다가 어느 순간 갑자기 줄기를 가늘게 만든단다. 그 안에 나방이 알을 낳을 수 없도록 말이다. 줄기가 비좁아져서 더 이상 알을 낳지 못하게 된 나방은 결국 갈대를 떠난다. 설령 알을 낳았다 해도 공간이 부족해서 유충이 번데기로 성장하지 못하고 죽는다. 이걸로 갈대의 복수가 끝이라고? 아니다. 놀라운 사실 하나가 더 남았다. 나방을 쫓아낸 갈대는 2~3년에 걸쳐 줄기를 원상 복구한다. 나방을 내쫓기 위한 비상조치를 해제하는 셈이다.

와, 영리하다. 나방을 안심시킨 다음 줄기를 확 줄여 쫓아내는 것도 흥미로운데 언제 그랬냐는 듯 다시 원상태로 돌아가 나방이 '갈대 크기가 일정하지 않네?'라며 갈대를 정착할 수 없는 불확실한 곳으로 인지시키는 전략이 말이다. 줄기를 줄인 후, 원상태로 돌아가지 않는다면 나방은 그 작은 줄기에 새롭게 적응해 갈대를 또다시 쑥대밭으로 만들 테니까. 동물처럼 즉시 공격할 수 없지만 자신이 처한 상황에서 지혜를 십분 발휘한 생존 방식이다. 불확실성은 최대한 줄여야 한다고 생각하는 나와 달리 갈대는 스스로 불확실성의 주체가 되어 그 상황을 능수능란하게 갖고 논다. 동시에 자신의 몸을 지탱하는 뿌리를 튼튼하게 단련해 믿을 구석도 만든다.

학생 때부터 지금까지 나를 괴롭히는 건 미래에 대한 불확실이다. 학생 땐 '좋아하는 일을 할 수 있을지' 한다면 '어디에 취직하게 될지'였다면, 요즘은 '지금 하는 일을 언제까지 할 수 있을지' 아니면 '지금이라도 새로운 분야에서 경력을 쌓아야 하는지'에 관한 고민이다. 하지만 이러나저러나 불확실한 건 마찬가지다. 하나의 불확실이 해결되면 또 다른 불확실이 기다렸다는 듯 튀어나온다. 갈대처럼 불확실한 상황에서도 휩쓸리지 않고 그 상황을 대처할 수 있도록 내공을 키워야겠다.

그렇다면 일상에는 어떻게 적용해 볼까? 우선 큰 목표를 정하고 그에 따른 준비를 1년, 1달, 1주 그리고 하루 단위로 세분하여 그에 맞게 차근차근 나아가야겠다. 갈대가 토양에 뿌리를 내리며 버티는 힘을 키우듯이 큰 목표를 향한 기본부터 단련해 가는 거다. 우선 이렇게 착실하게 밑바탕을 다져놓으면 불확실한 요인이 등장할 때, 그 힘에 기대어 유연하게 대처할 수 있을 것 같다. 동시에 이러한 반복에 익숙해져서 나태해지거나 예상치 못한 외부 요인이 등장해도 그동안 쌓아온 내공으로 대처할 수 있지 않을까. 처음엔 서툴고 시행착오도 있겠지만 일상이 송두리째 흔들리는 상황만큼은 일어나지 않으리라 믿는다. 설령 그런다고 해도 재빨리 안정을 되찾을 거다. 갈대가 바람에 흩날린다고 해서 뿌리까지 흔들리지 않듯, 기본부터 차곡차곡 쌓은 실력이 있다면 언젠가 나도 기꺼이 불확실성의 주체가 되어 상황을 유연하게 다룰 수 있겠지.

갈대가 바람에 흩날린다고 해서
뿌리까지 흔들리지 않듯,
기본부터 차곡차곡 쌓은 실력이 있다면
언젠가 나도 기꺼이 불확실성의 주체가 되어
상황을 유연하게 다룰 수 있겠지.

갈대	벼과 갈대속 / *Phragmites australis* (Cav.) Trin. ex Steud.
	작고 수많은 꽃이삭과 속이 비어 있는 줄기가 특징이며 주로 물가에 군락을 이룬다.

이름까지 귀여운 털복숭이
강아지풀

강아지를 좋아해서 인터넷에서 강아지 영상을 발견하면 저장해 놓고 자주 들여다본다. 강아지의 거의 모든 면이 귀엽지만 특히 반가운 사람 앞에서 꼬리가 부러질 듯이 격렬하게 흔들며 애정 표현하는 모습은 '오구오구' 하며 절로 함박웃음을 짓게 한다. 식물 중에도 이처럼 특유의 친근한 이미지로 나에게 사랑받는 것이 있다. 바로 강아지풀이다. 이름의 강아지라는 단어가 벌써부터 귀엽다. 바람 따라 살랑살랑 흔들리는 모습이 감정 표현에 솔직한 강아지 꼬리를 닮았다. 심지어 꽃말이 동심이라고. 어쩜 이렇게 세상의 모든 귀여운 조건을 다 갖췄을까!

강아지풀을 보면 어렸을 적 친구들과 놀던 때가 떠오른다. 긴 털이 촘촘히 난 이삭 부분을 인중에 대고 콧수염인 것마냥 '엣헴' 헛기침을 하기도 했고, 눈썹에 갖다 대며 '나 눈썹이 엄청 자랐어' 하며 친구들과 까르르 웃었던 때. 무엇보다도 강아지풀로 친구들에게 장난쳤을 때가 가장 기억에 난다. 친구 목덜미에 강아지풀을 살짝 갖다 대 간지럼을 태우면 친구가 본능적으로 목을 긁었는데 그 반응이 이상하게 재미있었다. 그러면 한번 더 간지럼을 태운다. 친구가 또 목을 긁으려는 순간, '내가 그랬어'라며 목에 아무 이상이 없다는 걸 알려준다. 종종 장난기가 심하게 발동하면 강아지풀을 정수리부터 목까지 슬금슬금 쓸어내려 마치 벌레가 기어가는 것 같은 느낌을 들게 했다. "깜짝이야!" 놀란 친구의 반응을 보는 게 신났다. 그런데 지금 생각해 보니 이게 꽤나 소름 돋는 장난이다. 그때 난 왜 이렇게 짓궂었을까.

나이가 지긋한 분들은 강아지풀을 메뚜기를 잡을 때 썼다고 한다. 조금 더 정확한 표현은 잡은 메뚜기를 임시 보관할 때. 이리저리 폴짝폴짝 뛰어다니는 메뚜기를 따라가는 동안 이미 잡아놓은 메뚜기가 도망가지 못하도록 강아지풀로 메뚜기의 가슴 부분을 뚫어 엮었단다. 요즘처럼 곤충 채집통이나 봉투가 마땅치 않았을 때, 자연을 활용한 방법이다. 이보다 더 윗세대에게 강아지풀의 의미는 조금 달랐다. 먹을 것이 부족했던 때, 강아지풀을 털어서 떨어진 낟알로 죽을 끓여 먹었다고. 형편이 조금 나을 땐 쌀, 보리, 조 등과 섞어서 밥을 지었으며 쌀가루와 섞어 떡을 만들었단다. 일부 사람들은 강아지풀의 약리적인 효능을 이용해 건강을 보살피는 데에도 활용했다.

어른이 된 지금도 우리는 알게 모르게 강아지풀과 지내고 있다. 땅에서 자라는 형태는 아니지만 종종 꽃집에, 어쩌면 방 한구석에 있을지 모를 일이다. 고개가 갸우뚱해진다고?

식물과 꽃으로 실내를 꾸미는 플랜테리어가 인기를 끌고 있지만 집에 머무는 시간이 짧거나 주변을 보살필 여력이 안 되는 사람에게 살아 있는 식물은 부담스러운 존재다. 이러한 사람들에게 대안으로 떠오르는 게 드라이플라워 또는 프리저브드플라워다. 꽃이 건조되면 색도 옅어져서 생화 특유의 활력이 반감되지만 누군가 이러한 단점을 보완한 방법을 알아냈다. 바로 염색이다. 앞서 알게 모르게 함께하고 지낸다고 말한 강아지풀이 바로 이러한 형태다. 수분이 빠져나간 탓에 다소 푸석해 보이는 이삭 부분을 분홍, 노랑, 파랑 등으로 염색해 생동감 있게 재탄생시킨 것. 꽃집은 물론 문구점 및 인테리어 매장에서 형형색색의 털 달린 식물을 봤다면 강아지풀일 확률이 높다. 아니면 강아지풀과 친척 관계인 식물일 수도 있다. 이미 건조된 터라 선물하는 사람에게도, 생화를 키울 자신이 없는 사람에게도 안성맞춤이다. 나만의 개성을 더하고 싶다면 좋아하는 색으로 직접 염색하는 것도 좋다. 인터넷에 방법이 나와 있고 어렵지 않다.

한때는 중요한 식량 자원이었고 시간이 흘러 어린이들의 재미있는 장난감이었다가 지금은 일상의 한 부분을 아름답게 해주는 존재로 자리매김한 강아지풀. 나도 시간이 흘러감에 따라 누군가에게 의미 있는 사람이 될 수 있을까?

강아지풀	벼과 강아지풀속 / *Setaria viridis* (L.) P.Beauv.
	줄기 윗부분에 털이 풍성하게 난 이삭이 강아지 꼬리를 닮았다.

애정도 과하면 병

보스톤고사리 '보스토니엔시스'

'과유불급'이라는 말이 있다. 최근 나는 취미에도 이 원칙을 세우고 지키기 위해 노력하고 있다. 3년 전, 코바늘 뜨개질을 배웠다. 초반에는 코바늘을 손에 익히고 기법을 연습하는 데만 집중했고 점점 실력이 늘자 뜨개질의 다양한 면을 보는 여유가 생겼다. 가방, 모자처럼 실용적인 소품을 만드는 재미에 푹 빠졌다. 인형의 경우, 코의 수를 늘리고 줄이는 과정이 자주 반복돼서 코 하나하나에 신경을 많이 써야 한다. 또한 많은 기법이 동원되는 데다 실수를 만회하기도 어렵다. 이와 달리 소품은 코의 수가 대부분 일정하고 기법도 많아야 두 가지 정도밖에 되지 않는 단순 반복의 연속이다. 무엇보다도 장식을 위한 게 아니라 '예뻐야 한다'는 강박에서 조금 자유롭다. 당장 내가 필요해서 만드는 거라 의지도 활활 타오르고 긴장도 덜 된다.

얼마 전부터는 가방 만들기에 빠졌다. 수업은 물론 집에서도 가방을 만드는 데 열을 올렸다. 토요일 저녁 식사 후, 비교적 두툼한

패브릭 얀이라는 실로 첫 코를 잡기 시작하면 밤 12시에서 새벽 1시쯤 가방 하나가 완성된다. 문제는 이때다. 이 기세를 몰아 하나 더 만들지, 아니면 잠자리에 들지 고민되기 때문이다. 만들고 싶은 이유는 실이 남아서 그런 것도 있고 완성된 가방을 손에 들고 팔에 걸쳐보며 느낀 뿌듯함도 있을 거다. 게다가 주말이라 다음 날 늦게 일어나도 되고 하나를 완성하는 데 3시간이면 되니 고민될 수밖에 없는 상황. 여기까지만 하려는 이유는 '무리하지 말자'는 마음이다.

결국 열에 일곱 번은 만드는 쪽을 택한다. 남은 실의 분량을 보고 무얼 만들지 정한다. 실이 여의치 않을 땐 작은 그물 가방이나 파우치를, 실의 색감이 예쁠 땐 벽에 걸어두는 장식용 소품을 만드는 식이다. 다시 뜨개질을 시작하면 예상했던 시간쯤 또 다른 하나를 완성한다. 계획한 시간 안에 완성했다는 안도감과 나름 생산적인 활동을 했다는 성취감에 또 한번 취한 채 편안한 마음으로 잠자리에 든다. 하지만 다음 날 이 만족감은 날 괴롭히는 후회로 바뀐다. 꼼짝도 안 하고 같은 자세로 대여섯 시간 뜨개질만 한 탓에 어깨와 목이 저리고 눈이 통째로 뽑히는 듯한 통증이 밀려오기 때문이다. 약을 먹어도 약효가 떨어질 때쯤이면 다시 아프기 시작한다. 그날은 아무것도 못 하고 종일 침대에 누워 있는다. '어제 적당히 할걸' 욕심내지 말자는 교훈은 꼭 이렇게 고통을 맛봐야 실천하게 된다.

격렬한 물결무늬의 이파리가 극적인 분위기를 연출하는 보스톤고사리 '보스토니엔시스'도 한때 절제를 모르는 사람들로 인해 곤욕을 치러야만 했다. (흔히 보스톤고사리로 불린다) 1800년 대, 영국의 오염된 공기와 건강 사이의 연관성에 관심이 많은 워드라는 의사가 있었다. 어느 겨울, 그는 유리병에 박각시 번데기를 넣고 밀봉해 안에서 일어나는 변화를 관찰했다. 이듬해 봄, 유리병 안에 고사리류 식물의 싹이 났다. 번데기를 넣을 때, 우연히 함께 들어간 식물의 잔가지가 싹을 틔운 것. 그는 물을 준 적도 없는데 싹이 난 걸 보며 햇빛을 받은 식물이 증산하고 이 수분이 유리에 맺혀 있다가 아래로 떨어져 뿌리가 다시 흡수하는, 즉 물의 순환으로 생태계가 유지되는 원리를 재차 확인했다. 맞다, 이는 테라리엄의 원리이기도 하다.

그는 유리병에 고사리를 넣어 키우기 시작했다. 이를 본 대규모 묘목장 운영자들은 유리병의 유행을 예상해, 유리병을 좀 더 튼튼하게 제작했다. (그 예상은 적중했다) 비싼 가격 탓에 초반에는 귀족층 사이에 퍼졌지만 머지않아 저렴해지면서 더 많은 사람이 유리병을 살 수 있게 됐다. 아, 그 많은 사람이 유리병으로 무얼 했냐고? 식물을 심었다.

인기가 좋은 수종은 보스톤고사리였다. 사람들은 보스톤고사리 특유의 이국적인 풍성한 잎에 매료됐다. 무엇보다도 보스톤고사리의 이러한 생김새는 투명해서 아무것도 담지 않으면 있는 줄도 모르는 유리병을 돋보이게 하는 데 제격이었다. 존재감이 확실한 보스톤고사리를 심기만 해도 유리병을 자연스럽게 자랑할 수 있었다. 그렇게 고사리의 인기가 절정에 달해 '고사리 열병', '고사리 마니아'라는 말까지 등장했다. 사람들은 옷과 식기에도 고사리를 그려 넣었다. 심지어 고사리만 마구잡이로 채취하는 사람들까지 생겼다. 이들은 전국을 샅샅이 뒤져 고사리의 씨를 말리다시피해 일부 토착종은 사라질 뻔했다. 일부 돈에 눈먼 사람들로 인해 오늘날 사람들이 보스톤고사리를 키우지 못할 뻔했다.

어떠한 대상을 좋아하고 즐기는 마음은 자연스러운 현상이다. 하지만 정도가 과하고 의도마저 불순해지면 그 대상이 다친다. 자기 자신만 다치면 상관없지만 무고한 대상까지 피해를 주면 자제할 필요가 있다. 좋아한다는 이유로 물불 안 가리고 덤벼드는 사람들 탓에 애먼 대상이 피해를 보는 상황은 지금도 우리 주변에 종종 있지 않은가. 강아지를 좋아한다는 이유로 자신의 상황을 고려하지 않은 채 강아지를 닥치는 대로 입양해 오히려 강아지의 생명을 위태롭게 하는 사람이나, 아무도 가지 않은 자연이 좋다면서 지정된 등산로가 아닌 길로 들어서 다른 등산객의 안전을 위협하는 행위처럼 말이다. 여럿이 함께 살아가는 사회에서는 내가 좋아하는 걸 하는 행위가 다른 사람에게 피해를 줄 수 있다는 점을 명심하고 절제하는 게 진정으로 멋진 애호가가 아닐까?

보스톤고사리 '보스토니엔시스'	줄고사리과 줄고사리속 / *Nephrolepis exaltata* 'Bostoniensis'
	물결무늬의 풍성한 이파리가 아름다워 빅토리아 시대부터 실내에서 키우기 시작했다.

지금 이 순간의 소중함
행운목

식물을 구입하려는 사람들이 가장 먼저 하는 생각 중 하나는 '이 식물은 키우기 쉬울까?'일 것 같다. 나도 그렇다. 식물 키우기 만렙이라면 크게 신경 쓰지 않겠지만 이제 막 식물의 세계에 입문했고 식물이 시들면 극심한 죄책감에 시달려서 어쩔 수 없다. 예민하지 않고 둥글둥글한 식물에 마음이 더 간다. 그럴 때면 '초보자도 키우기 쉬운 식물'이라는 주제로 인터넷을 검색하는데 그때마다 거의 매번 등장하는 식물이 하나 있다. 바로 행운목이다.

행운목은 나무처럼 생긴 딱딱한 줄기에 옥수수잎을 닮은 뾰족하고 시원스럽게 생긴 멋진 잎이 달려 있다. 생김새가 훌륭하면 키우기 어려울 거라는 예상과 달리 빛이 잘 들지 않거나 건조한 환경에 강해 실내에서 키우기에도 적합하단다. 수경재배도 할 수 있어 플랜테리어 소품으로 활용할 수 있다. 그뿐만 아니라 꽃은 행운을 의미해 개업이나 집

들이 선물로 많이 찾는다. 비록 생육 환경이 잘 갖춰졌어도 꽃이 필 확률은 높지 않지만 정성을 다하면 행운이 찾아올 거라는 기대감 덕분에 사람들이 행운목을 더욱 아끼고 사랑하는 듯하다.

코로나19 대유행을 겪으면서 행운에 대한 생각이 조금 바뀌었다. 구체적으로는 방역 수칙을 지키며 일상에 변화가 생기면서부터. 결정적인 건 외출 자제다. 생존의 기본인 의식주 중 '식'을 해결하기 위해 장 보러 가는 것조차 위험한 일이 되어버렸다. 마트에 감염자가 있을 수도 있고, 내가 간 마트에 감염자가 이미 왔다 갔을 수도 있기 때문이다. 심지어 나도 모르는 사이에 내가 감염돼 있어 다른 사람에게 바이러스를 옮길 수도 있다. 일상의 필수적인 부분에서조차 위험을 감내해야 하니 기분 전환을 위해 카페에서 커피 한잔하는 건 사치가 된 지 오래다. 도서관, 피트니스센터 등 다중 이용 시설은 무기한 이용 금지나 다름없었던 때도 있었다.

바이러스로 인해 제약이 많아지고 불안감도 커지면서 손 세정제는 외출 필수품이 됐다. 손 세정제가 보이는 족족, 심지어 앞서 바른 세정제가 채 마르기도 전에 또 손을 소독하는 습관까지 생겼다. 일상의 불편과 불안은 이뿐만이 아니다. 이제 마스크 없는 외출은 있을 수 없는 일이 됐다. 오죽하면 '외출했을 때 공기가 유난히 상쾌하다면 그건 마스크를 안 쓰고 나왔다는 뜻'이라는 우스갯소리가 나왔을까. 이런 재치 덕분에 인상만 푹 쓰게 되는 코로나19 상황에 잠깐이라도 웃게 된다. 마스크는 바이러스로부터 나를 보호하는 것은 물론 내가 남에게 바이러스를 옮기는 것을 예방하는 보호막이다. 모두를 위한 것이지만 마스크를 거치지 않고 바로 코와 입으로 공기를 들이마셨던 지난날이 그립다. 코로나19 유행 이전에는 당연했던 일들이 이제는 꿈같은 일이 되어버렸다. 이전에 제작된 TV 프로그램을 볼 때마다 '저 때가 좋았지'라는 말을 수도 없이 한다. 바이러스 걱정 없이 거리를 거닐고 마스크를 쓰지 않고 쾌적한 공기를 들이마시다니.

다수의 전문가들은 코로나19 이전의 상황으로 완벽하게 돌아갈 수 없다고 전망한다. 그 말을 듣고 나서야 코로나19 이전에는 당연했던 모든 일상이 행운의 연속이었다는 걸 깨달았다. 안타깝고 어리석게도 그땐 몰랐다. 바이러스 걱정 없는 환경에서 원하는 걸 하는 일상을 잃고 나서야 알았다. 행운이란 먼 훗날 '짠' 하고 등장하는 거창한 건 줄 알았는데 이미 일상에서 누리고 있었다. 하지만 그때 몰랐다고 지금 좌절할 순 없다.

최악이라고 여기는 이 상황에도 행운은 우리 곁에 있다. 코로나19 첫 피해가 보고된 후, 지금까지도 매일 감염자가 나오고 있지만 한국엔 코로나19 확산 방지를 위해 기민하게 대처하는 정부 관계자, 밤낮으로 환자를 돌보는 의료진, 백신 개발에 몰두하는 연구진 그리고 방역 수칙을 준수하는 국민이 있다. 게다가 코로나19 피해가 극심했던 이웃에게 온정의 손길을 보내 최악의 바이러스 속에서도 인간의 존엄성을 지켜주었다. 그 과정에서 크고 작은 충돌이 있었지만 바이러스를 물리치는 데 다시 힘을 모았다. 행운은 언젠가 찾아오는 존재가 아니라 마주한 상황에서 최선을 다하는 지금 이 순간이 아닐까.

최악이라고 여기는
이 상황에도
행운은 우리 곁에 있다.

행운목	백합과 드라세나속 / *Dracaena fragrans* (L.) Ker Gawl.
	목질화된 단단한 줄기와 시원스럽게 뻗은 줄기가 멋스러우며 꽃은 행운을 의미한다.

영감을 주는 나무

올리브나무

올리브나무는 식물 키우기 내공이 좀 있다는 사람들이라면 키울 법한 식물 중 하나다. 온종일 햇빛이 들고 바람이 잘 통하는 곳에 두어야 하며 물을 규칙적으로 잘 주어야 하는 건 기본이거니와 밤낮의 온도, 통풍 등을 하루에도 몇 번씩 신경 써주어야 하기 때문이다. 물론 식물을 키운 경험이 많아도 살아 있는 생명체라서 녹록지 않은 건 마찬가지일 수도 있겠다. 그럼에도 불구하고 사람들은 올리브나무에 푹 빠져 기꺼이 험난한 길을 택한다. 왜일까?

올리브나무는 우리가 잘 알고 있는 올리브가 열리는 나무다. '올리브를 수확하려고 키우는 건가?'라는 생각이 들 때쯤, 강렬한 태양 볕을 온몸으로 쬐고 있는 올리브나무를 마주했다. 작고 길쭉한 잎에서 은색과 회색, 그 중간의 색이 은은하게 감돌았다. 그러다가 바람이 부니 별처럼 반짝였다. 색에도 묘한 변화가 일어났다. 잎이 큼직하거나 풍성한 것도 아닌데 그 자체만으로도 충만해 보였다.

신비로운 분위기 덕분일까? 올리브나무는 과거 인상파 화가들의 영감의 원천이기도 했다. 폴 세잔을 시작으로 반 고흐, 르누아르까지 올리브나무를 작품 세계에 활용한 화가들이 많다. 특히 반 고흐는 그 애정이 남달랐다. 그는 동생에게 쓴 편지에 올리브나무를 두고 '마음에 품지도, 감히 그림으로 그려내지도 못할 만큼 아름답다'며 찬사를 아끼지 않았다. 그리고 풍부한 예술적 감성을 살려 각기 다른 시간대의 올리브나무를 그려냈다. 학자들에 따르면 그는 올리브나무를 묘사할 때 나뭇잎은 활활 타오르게, 잎의 밑면은 별처럼 반짝이게 그렸다고 한다.

얼마 전에는 그의 작품 〈올리브나무〉에서 약 130년 전에 말라붙은 것으로 보이는 메뚜기가 발견돼 화제가 됐다. 해당 작품은 1889년 그가 생 레미 요양원에서 머물며 그린 것. 박물관 측은 고흐가 건강을 회복하자 올리브나무 사이를 거닐었는데 그때 빛에 따라 달라지는 올리브나무에 감명받았다고 설명했다. 이 밖에도 밝은 주황색, 노란색으로 표현한 하늘과 짙은 초록색 올리브나무의 선명한 대비를 통해 땅의 고요를 나타낸 〈오렌지색 하늘에 올리브나무〉, 푸른 하늘 아래에 서있는 올리브나무 잎을 이글거리는 불길처럼 묘사한 〈올리브 과수원〉 등 다수의 작품에서 올리브나무의 다채로운 매력과 그의 신념을 발견할 수 있다. 이렇게 자신만의 작품 세계를 구축한 그는 이 시기에 올리브나무를 소재로 14점의 작품을 완성했다.

그가 정신적으로 힘들었을 시기에 어떻게 다작이 가능했을까? 전문가들은 그 이유를 종교에서 찾는다. 고흐는 목사인 아버지의 뒤를 잇고자 화가로서 그림으로 봉사하려 했다. 초기작인 〈누에넨 교회와 신자들〉, 〈펼쳐진 성경과 촛대, 소설책이 있는 정물〉이 그 대표작이다. 이러한 배경을 미뤄볼 때, 성경에서 평화를 상징하는 올리브나무는 그에게 조금 더 특별했겠다. 앞서 언급한 〈오렌지색 하늘에 올리브나무〉 속 하늘이 붉은색 계열인 것을 두고 예수가 십자가에 못 박혀 죽던 날의 비통함으로 해석하는 이도 있다.

비슷한 시기에 르누아르도 올리브나무에 매료돼 카네이션 밭이 될 뻔한 올리브나무 숲을 사들였다. 그는 이곳 올리브나무가 지금껏 본 것 중 가장 아름답다고 극찬했단다. 그래서 나무들이 사라지게 내버려 둘 수 없어 여기에 집을 짓고 시간을 보냈다. 바람이 불면 올리브 잎의 방향이 바뀌는 탓에 색이 달라지고 색채를 고쳐야 하는 수고에도 불구하고 '올리브나무가 만드는 빛의 마술'이라며 사랑했다. 르누아르가 좋아했던 이 올리브나무들은 현재 박물관이 된 그의 집을 지키고 있다.

오늘날 예술가들에게도 영감의 원천인 올리브나무 잎에는 무슨 비밀이 있는 걸까? 결론부터 말하자면 이는 원산지인 지중해성 기후 즉, 덥고 건조한 여름과 온화하고 습한 겨울을 나기 위한 적응의 결과다. 시원한 계절에도 광합성 할 수 있도록 잎의 표면은 가죽처럼 발달되었다. 특히 잎이 은빛부터 청동빛까지 폭넓은 색감을 뽐낼 수 있는 건 뒷면에 나 있는 촘촘한 솜털 덕분. 잎이 유연하기까지 해 바람에 쉽게 흔들리는데 이 모습은 마치 별이 반짝이는 듯하다. 와, 당장이라도 올리브나무 숲을 찾아 떠나고 싶다. 비밀을 알고 나면 신비감이 떨어져 매력이 반감되기 마련인데 오히려 올리브나무가 만드는 빛의 마법에 푹 빠져버렸다. 나도 고흐와 르누아르가 그랬던 것처럼 올리브나무를 곁에 가까이 두고 더 자세히, 자주 보고 싶다.

그러던 중 안타까운 소식을 접했다. 최근 들어 오래된 올리브나무들이 점점 사라지고 있다는 내용이었다. 오래된 올리브나무를 밀어내고 상품성이 좋은 품종을 심는 기업, 부를 과시할 목적으로 지중해에서 자라는 올리브나무를 무단으로 옮겨 심는 개인이 늘어난 탓이다. 올리브나무는 예민해 오랫동안 뿌리내린 토양에서 옮겨지면 쉽게 적응하지 못한다. 세기를 초월하여 인간의 창작 활동에 원동력이 되고 삶을 풍요롭게 만들어준 올리브나무가 일부 사람의 이기심으로 위기에 처했다. 당장의 이익에 눈이 먼 상태에서 내린 결정이 화가 되어 돌아온 경험, 우린 이미 충분히 했다. 머리를 맞대고 함께 살아가는 법을 먼저 고민해야 할 때다.

올리브나무	물푸레나무과 올리브나무속 / *Olea europaea* L.
	작고 좁은 모양에 은빛이 감도는 초록색 잎이 특징이며 햇빛이 잘 드는 곳에서 자란다.

어리석어 보이지만 맛있으니까 괜찮아

포도

이솝 우화 중에 '여우와 신 포도' 이야기가 있다. 내용은 대략 이렇다. 굶주린 여우가 높은 가지에 열린 포도를 보고 '맛있겠다'라며 한 입 먹기 위해 뛰어올랐다. 하지만 포도가 너무 높이 달려 있어서 번번이 실패했다. 결국 여우는 '저 포도는 너무 시어서 맛이 없을 거야'라며 포기했다. 처음에 여우는 포도를 보고 맛있을 거라고 판단했는데, 상황이 뜻대로 풀리지 않자 원래 갖고 있던 생각을 부정하고 그에 따라 행동했다. 포도를 먹기 힘든 상황을 인정하지 않았다. 이처럼 이성적인 결론보다는 합리적이지 않더라도 자신의 생각(또는 믿음)을 택하는 걸 두고 심리학에서는 인지부조화라고 일컫는다. 조금 어리석어 보이지만 나는 자주 인지부조화를 겪곤 한다. 특히 먹는 것 앞에서.

몇 년 전, 미팅을 마치고 집에 들어가는 길이었다. 스트레스를 받았는지 새콤달콤한 게 당겼다. 요새 체중이 좀 늘어서 먹는 데 신경 쓰고 있었지만 나도 모르게 백화점 식품 코너에 이끌렸다. 청

포도 한 송이를 집어 들었다. 명품관만 입점된 백화점이라는 걸 감안해도 가격이 지나치게 높았다. 알이 일반 포도보다 크고 실한 것도, 상한 곳 없이 신선한 것도 인정! 하지만 초콜릿이나 젤리 정도로 소소하게 기분 전환할 생각으로 왔던 터라 살짝 부담스러웠다.

'과일은 열량이 높으니 먹지 말자'며 내려놓으려는데 갑자기 이 포도의 정체가 궁금했다. 가격대가 평균적으로 어느 선으로 형성되어 있는지도. 핸드폰을 꺼내 검색했다. 샤인머스켓. 검색창에 입력한 포도의 이름이다. 결과 페이지를 보니 가격이 터무니없지는 않았다. 더 찾아보니 일본에서 육성한 신품종으로 '망고포도'라는 별명이 있을 정도로 당도가 굉장히 높단다. (지금은 마트에서 쉽게 구할 수 있지만 당시엔 국내에서 구하기 어려운 고급 품종에 속했다) 엄청 달고 흔치 않은 포도라는 말에 낚여 장바구니에 넣었다. 집에 와서 맛보니 정말 달콤했다. '안 샀으면 어쩔 뻔했어' 비록 식단 관리는 실패했지만 '새로운 포도 맛도 보고, 스트레스도 풀었으니 손해보는 일은 아니었다'며 결정을 합리화했다.

생각해 보니 또 다른 인지부조화 경험이 있다. 이번에도 포도와 관련된 상황이다.

신혼여행지였던 스페인에서였다. 밤 11시가 넘은 시각, 바르셀로나 엘 프라트 공항에 도착해 셔틀버스를 타고 카탈루냐 광장에 내리니 50분 정도 흘러 있었다. 평일 밤, 거리는 조용하고 차분했다. 상점 대부분이 문을 닫은 후라 24시간 운영하는 편의점, 맥도날드만이 거리를 환하게 비추고 있었다. 캐리어를 끌고 숙소로 향하는데 살짝 무서웠다. 우리는 누가 봐도 이제 막 바르셀로나에 도착해 어리숙한 여행객이었다. 누군가 옆에 지나가기만 해도 겁이 났다. 그렇게 무고한 사람들을 잠재적 소매치기범으로 의심하며 걸음을 재촉한 끝에 호텔에 도착했다. 1층 데스크 직원이 우리를 반갑게 맞이하며 그 자리에서 웰컴 드링크로 까바(Cava)를 한 잔씩 따라줬다. 우와, 첫 까바를 바르셀로나에서 마시다니!

까바는 여행을 계획할 때부터 기대했던 것 중 하나였다. 그는 스페인을 대표하는 까바를 기포가 있는 와인이라고 쉽게 설명해줬다. 까바는 와인 저장고인 카브의 카탈루냐어고, 토착 화이트 품종으로 만들며 9개월에서 1년 동안 숙성한단다. 우선 이 한 잔으로 오랜 비행으로 쌓인 피로를 풀라고도 덧붙였다. 그런데 나는 그토록 기대했던 까바와 직원의 따스한 응대에도 불구하고 마음이 놓이지 않았다. 너무 지친 상태라 이 한 잔에도 취해버려서 체크인하는 데 실수할 것 같았다. 하지만 까바는 마시고 싶었다. 일어나지도 않을 일을 걱정하느라 눈앞의 한 잔을 외면하면 아까울 것 같았다. 순간 묘책이 떠올랐다. 남편에게 '체크인에 집중하라'며 잔을 슬쩍

치워 마시지 못하게 하고 나만 마시기로 한 것. 한 모금 들이키자 신선하고 상큼한 향이 입안 가득 풍부하게 퍼졌다. 기포가 톡톡 터지니 기분마저 날아갈 듯이 좋았다. (미안하지만) 나 혼자 먼저 까바를 음미하는 동안, 남편은 맨정신으로 체크인을 마쳤다. 덕분에 우리 둘 다 객실까지 안전하게 들어왔다.

그런데 돌이켜보니 나름 합리적이라고 판단한 행동이 인지부조화를 너머 부조리함의 극치였네? '우리의 안전'이라는 거절할 수 없는 대의를 내세워 모든 책임을 남편에게 떠맡겼으니 말이다. 미안하다, 남편!

포도	포도과 포도속 / *Vitis vinifera* L.
	덩굴 형태의 나무로 작은 열매가 송이를 이루며 열매는 익어 갈수록 연두색에서 보라색으로 바뀐다.

답답한 일상이 특별해지는 향

라벤더&로즈마리

향은 몇 초 안 되는 짧은 순간에 호감 여부가 결정되는 직관적인 성격을 지닌다. 인간의 다섯 감각 중 후각이 가장 예민하니 그럴 수밖에. 내 경우에도 다른 감각에는 크게 반응하지 않는데 유난히 후각에는 애착이 많이 간다.

향에 대한 애정은 중학생 때부터였다. 체육복을 빨고 나면 거기에 향수를 뿌렸다. 섬유유연제만으로는 향이 부족하다고 느꼈다. 이후로 체육복이 아닌 교복과 일상복에도 향수를 뿌리면서 향수가 조금씩 늘어났다. 대학생이 되어서는 좋아하는 향이 3~4년 주기로 바뀌었다. 샤넬 넘버5 같은 포근한 향부터 샹스같이 싱그럽고 달콤한 향까지 폭이 꽤 넓은 편. 그렇게 이 향, 저 향을 떠돌다가 7~8년 전에는 좋아하는 향의 범위가 좁아지면서 구체적으로 바뀌었고 특정 분위기의 향에 정착했다. 계절과 상황에 따라 향을 고르는 습관도 생겼다.

정착한 향의 특징은 꽃과 과일, 나무향이 어우러져 상큼하면서도 쌉싸름하다. 주로 딥티크 베티베리오나 탐다오, 롬브르단로를 주로 뿌린다. 청량감이 필요한 여름엔 자몽 등 시트러스 계열이 함유된 베티베리오를, 그 밖의 계절에는 우디 계열의 탐다오를 뿌리고 달콤한 향이 내킬 때는 장미향을 머금은 롬브르단로를 고른다.

외출할 때뿐만 아니라 일상에서도 향을 늘 곁에 둔다. 다만 이때는 향수처럼 향이 강한 것보다는 은은하게 공기 중에 맴도는 것을 선호한다. 그래서 향수와 성격이 조금 다르다. 상큼하면서도 쌉싸름하고 살짝 무게감이 느껴지는 라벤더와 로즈마리가 그 주인공이다. 이 둘도 상황에 맞게 고른다.

라벤더라는 이름은 '씻다'를 뜻하는 라틴어 '*Lava*'에서 유래한 것으로 고대 로마인들은 라벤더로 몸과 머리카락을 씻어서 그 향이 배도록 했다. 상하수도 시설이 개발되기 전, 지독한 냄새로 고생하던 일부 유럽 국가에서는 벌레를 쫓기 위해 베개에 라벤더를 넣었으며, 라벤더로 울타리를 만들고 그 안에 빨래를 널어 향을 입혔다. 참고로 라벤더 중에서도 스패니시라벤더의 향이 가장 강하다고 전해진다. 라벤더 향은 두통을 완화하고 마음을 안정시킨다. 향 그 자체로도 매력적인데 기분까지 좋게 해주다니! 역사 속 사람들로부터 시작해 오늘날 나에게 이르기까지 많은 사람이 라벤더에 푹 빠진 이유가 납득이 간다. 특히 편두통이 심해 약을 자주 먹는 탓에 이러한 자연의 힘은 소중하다. 라벤더는 생화일 때는 물론 드라이플라워처럼 말린 상태에서도 향이 유지된다. 나 역시 그 향을 느꼈다.

얼마 전, 잉글리시라벤더를 넉넉하게 써서 만든 리스를 서재 문에 걸어뒀다. 그랬더니 서재의 분위기가 미묘하게 바뀌었다. 일하러 서재에 들어서면 종종 신경이 곤두섰는데, 문을 열면서 라벤더 향을 맡으니 그 기분이 한결 누그러지는 듯했다. 공기청정기의 바람을 타고 온 라벤더 향이 코끝에 닿으면 그 짧은 순간에 심호흡을 하는 여유가 생겼다. 이렇게 라벤더 효과를 본 이후, 라벤더의 영역은 서재를 넘어 거실, 침실까지 확장됐다.

침대 머리맡에는 라벤더 향이 나는 석고 방향제를, 거실에는 라벤더 오일을 함유한 디퓨저를 두었다. 특히 바빠서 마음을 돌볼 여유가 없거나 잠을 자도 잔 것 같지 않을 때가 있다. 이러한 날이 며칠 이어지면 자기 전에 라벤더 차를 마신다. 너무 뜨거우면 오히려 잠이 깰 수 있으니 얼음 두어 개를 띄워 온도를 적절히 맞춘다. 가장 편안한 자세로 차를 마시며 깊게 심호흡하면 머리끝부터 손, 발끝까지 이완된다. 그 상태로 침대에 누우면 확실히 덜 뒤척이고 중간에 깨지 않고 깊게 잔다. 라벤더 덕분에 하루를 편안하게 마무리하고 잠도 잘 자게 되어서 티타임을 갖는 습관이 생겼다.

긴장을 푼 상태가 좋을 때도 있지만 신경을 곤추세워야 할 때도 있는 법. 하지만 원고 마감이 코앞인데 워드에 한 글자도 쓰지 않은 채 인터넷 창을 띄워놓고 딴짓을 하거나 마감 끝나고 놀 생각에 정신이 팔렸을 때처럼 정신력이 내 마음 같지 않을 때가 종종 있다. 집중력을 올려야 하는 상황에선 상쾌하고 자극적인 로즈마리 향이 나를 구원해 준다. 로즈마리라는 이름은 '로즈'라는 단어 탓에 장미와 관련돼 보이지만 그렇지 않다. 로즈마리는 습한 환경에서 잘 자라고 바닷가에서도 자주 발견된다. 사람들은 이점에 착안해 각각 이슬과 바다를 의미하는 라틴어 '로즈(*Ros*)'와 '마리(*Marinus*)'를 조합해 '바다의 이슬'이라는 뜻의 이름을 붙여줬다.

셰익스피어 4대 비극 〈햄릿〉에서 햄릿이 사랑한 오필리어가 사랑을 기억해 달라는 대사를 하면서 로즈마리가 추억과 기억을 상징하게 되었는데 흥미롭게도 최근 로즈마리가 기억력과 연관이 있다는 과학적 근거가 밝혀졌다. 영국의 한 대학 연구팀은 실험 참가자들을 두 그룹으로 나눈 다음, 한 그룹은 로즈마리 향을 맡게 하고 다른 그룹은 향을 맡지 않게 한 상태에서 기억력을 시험했다.

그 결과, 향을 맡은 그룹의 성적이 더 좋았는데 이들 혈액에서 기억력에 관여하는 체내 물질인 시네올 수치가 그렇지 않은 그룹보다 높게 나타났다. 이는 특히 앞으로 해야 할 일을 기억하는 것과 관련된 부분으로 연구팀은 로즈마리 향을 활용한 질병 치료의 가능성을 시사했다. 로즈마리의 힘으로 마감을 무사히 했다는 믿음이 과학적으로 일리가 있었구나!

로즈마리 향을 즐기는 방법은 이렇다. 나무토막 디퓨저에 로즈마리 에센셜 오일 2~3방울을 떨어뜨려 바로 코로 가져가 머릿속까지 깊숙하게 향을 채운 다음, 노트북 옆에 둔다. 이렇게 하면 타자 칠 때 손이 움직이면서 생기는 공기의 흐름에 따라 향이 공기 중에 은은하게 퍼진다. 요즘에는 스머지 스틱으로도 로즈마리 향을 즐기고 있다. 스머지 스틱은 세척한 로즈마리 다발을 말린 후, 적당한 크기로 잘라서 면사로 꽁꽁 묶은 것. 스틱에 불을 붙여 불꽃이 일면 몇 초 후 불을 끈 뒤, 불에 타지 않는 그릇에 두고 솔솔 피어나는 향을 맡는다. 에센셜 오일이 세련된 향이라면 이 스머지 스틱은 자연에 가까운 투박한 향인데 그 점이 매력적이다. 일부 문화권에서는 액운, 잡념을 쫓아내거나 몸과 마음을 치유하는 의식에 활용된다. 바르셀로나에서 비치 요가 클래스를 들었을 때, 시작 전 선생님께서 이 스머지 스틱을 들고 학생 한 명 한 명에게 기도하며 향을 퍼뜨린 것도 바로 이러한 의미였겠다.

서재 책상 바로 왼쪽에는 다양한 향 제품을 담은 상자가 있다. 다른 성분과 섞인 향도 있고 단일 성분으로 구성된 것도 있다. 오일부터 샤쉐, 스틱까지 형태도 다양하다. 매장에서 받은 시향지도 있다. 손으로 만지작거리면서 맡는 향도 있고 의식을 치르듯 연기와 분위기까지 느끼는 향도 있다. 어렸을 때 기분 전환용으로 뿌리기 시작한 향수가 지금은 일상에서 한 부분을 차지했다.

최근에는 여행지의 이름난 브랜드의 향을 사서 모으는 재미에 빠졌다. 여행지를 기억하는 나만의 방식이자 향을 통해 여행지에서의 즐거웠던 추억이 떠올릴 수 있기 때문이다. 향을 맡으며 기분 전환도 하며 잠시 쉰다. 팬데믹 상황이 나아져서 앞으로 향과 함께 기억하고 싶은 여행지가 더 많아지기를 기대한다.

라벤더	꿀풀과 라벤더속 / *Lavandula angustifolia* Mill.
	보라색 꽃이 피고 꽃, 잎, 줄기를 덮은 털 사이에 있는 기름샘에서 특유의 향이 난다.

로즈마리	꿀풀과 로즈마리속 / *Rosmarinus officinalis* L.
	길쭉한 잎이 특징으로 상큼하면서도 강렬한 향이 특징이다.

같은 실수를 반복하지 않겠다는 다짐

몬스테라

중간중간 갈라지고 큰 구멍이 난 잎이 매력적인 몬스테라. 이 독특한 구조를 두고 '강한 바람을 통과시키기 위한 것', '수분 흡수율을 높이기 위한 것' 등 다양한 의견이 있지만, 과학적으로 증명되지 않았다고 한다. 그런데 최근 미국에서 신뢰할 만한 연구 결과가 발표됐다. 열대우림이 자생지인 몬스테라가 키 큰 나무들 틈에서 햇볕을 더 많이 받기 위해 잎에 구멍을 내는 구조로 진화했다는 것. 줄기 위쪽에 자리한 잎에 구멍이 없으면 아래에 위치한 잎까지 햇볕이 닿지 않는다. 하지만 잎에 구멍이 있으면 그 틈으로 햇볕이 통과할 수 있다. 결과적으로 한정적인 햇볕을 골고루 나눠가질 수 있게 돼 모든 잎에서 광합성이 원활하게 이루어진다.

덕분에 멋진 잎을 갖게 된 몬스테라는 식물에 관심이 없는 사람도 어딘가에서 한 번쯤은 봤을 법한 인지도 높은 식물로 자리 잡았다. 생육 환경 역시 자생지처럼 반그늘이어도 되며 까다롭지 않아 이제 막 식물을 키우기 시작한 사람들이 선호한다.

몬스테라는 20여 종 분포하지만 쉽게 볼 수 있는 종은 델리시오사다. 나의 첫 몬스테라이기도 하다. 플라워 클래스에서 몬스테라 잎을 활용한 어레인지먼트를 배웠는데 하나가 남아 집으로 가져왔다. 수경재배할 생각이었다. 선생님은 꽃병에 물을 바닥으로부터 2센티미터 가량 채우고 이틀마다 갈아주라고 했다. 집에 있는 와인병 중 몬스테라의 높이, 모양과 잘 어울리는 하나를 골라 깨끗하게 헹군 다음 설명대로 물을 담고 몬스테라를 꽂았다. '우와!' 인테리어 잡지에서나 보던 근사한 풍경이 눈앞에 펼쳐졌다. 그 모습에 빠져 한동안 그 앞을 지날 때마다 시선은 늘 몬스테라에 고정됐다.

토양재배보다 영양소 흡수량이 상대적으로 적은 수경재배의 특성상 성장 속도는 조금 더뎠다. 그래서 겉모습에 극적인 변화가 없어 어제가 오늘이고 오늘이 어제 같지만, 내 눈엔 뭔가 달랐다. 매일 사진을 찍었다. 몬스테라에 푹 빠지니 이틀에 한 번 물을 갈아주는 것도 전혀 귀찮지 않았다. 그렇게 5개월쯤 지났을 때였다. 몬스테라 줄기 끝부분이 무르기 시작했다. 처음엔 물때가 낀 건 줄 알고 대수롭지 않게 여겼는데 점점 심해졌다. 고심 끝에 가위로 그 부분을 잘라냈다. 이후로 한동안 괜찮았는데 같은 증상이 또 나타났다. 심지어 잎에 노란빛이 돌기 시작했다. 식물을 키운 지 얼마 안 됐지만 심상치 않은 신호라는 건 직감했다. 선생님에게 연락했다.

"이미 늦었어요."

몬스테라가 원래대로 돌아갈 수 없다는 뜻이었다. 얼마 가지 않아 몬스테라는 급속도로 시들기 시작했다. 제대로 손써보지도 못하고 포기해야만 했다. 식물을 키우면서 처음 겪은 상황이라 낙담이 컸다. 이상 징후가 나타나자마자 재빨리 조치를 취하지 않은 나 자신이 원망스러웠다. 무거운 마음으로 며칠 지내다가 더 이상 패배자처럼 굴면 안 될 것 같았다. 언젠가 다시 몬스테라를 키우게 될 날을 대비해 오답 노트를 썼다.

기회는 준비하는 사람에게 주어진다는 말이 내게도 해당되었나 보다. 얼마 후 몬스테라를 선물 받았다. 지난 실수를 되풀이하지 않겠다는 일념으로 '몬스테라는 키우기 쉽다'는 함정에 빠지지 않으려 주의했다. 예쁜 모습을 사진으로 남기는 건 여전했다. 그러면서 낮에는 몰랐던 밤의 몬스테라에 흠뻑 빠졌다. 바로 잎의 그림자였다. 낮의 그림자가 태양이 작열하는 휴양지 분위기를 자아낸다면 밤의 그림자는 감수성을 자극하고 하루의 고단함을 어루만져주는 듯했다. 한동안은 몬스테라의 말 없는 위로에 시간 가는 줄 모르고 그 앞을 지켰다.

몬스테라는 새로운 잎이 나는 주기도 짧았다. 외형의 변화가 크지 않은 식물을 키우면서 겪는 반가운 일 중 하나다. 새로 난 잎이 자리를 잡은 지 한 달도 안 되어서 또 다른 새잎이 '뿅' 하고 등장했다. 그걸 볼 때마다 '내가 잘 키우고 있구나' 싶어 안심이 됐다. 자생지로부터 먼 나라에 잘 적응하고 무럭무럭 크는 모습도 대견했다. 잎을 틔우려면 에너지 소모가 클 거라는 생각에 평소보다 물을 넉넉하게 줬다.

그러던 어느 늦은 밤 몬스테라 앞에 앉아 스트레칭을 하는데 나뭇잎 끝에 물방울이 맺혀있는 걸 발견했다. 오늘 물 안 줬는데? 이상했다. 인터넷에 '몬스테라 물방울'이라고 검색해 봤는데, 이는 일액현상으로 자연스러운 증상이란다. 마음이 놓였다. 하지만 돌이켜보니 이때 큰 실수를 했다. 일액현상의 원인을 눈여겨보지 않았기 때문이다.

일액현상은 몬스테라에 물을 많이 주거나 공중 습도가 높을 때 나타난다. 이 경우, 물 주는 주기 또는 그 양을 조절할 필요가 있다. 그때 나는 무슨 생각으로 이 중요한 내용을 간과했을까? 왜 그랬을까? '물 주는 양을 줄여달라'는 몬스테라의 목소리를 새겨듣지 않은 탓인지 잎이 하나둘 노래졌다. 생명력이 넘쳤던 줄기는 축 처져 결국, 바닥으로 곤두박질쳤다. 항상 '왜?'를 달고 사는데 그 결정적인 상황에서는 놓쳤을까. 수경재배로 몬스테라를 잃고 자책해 놓고 같은 실수를 반복하다니! 죄책감이 전보다 컸고 오래갔다.

요즘 다시 몬스테라를 키우고 싶은 마음이 슬금슬금 싹 트기 시작한다. 하지만 여느 식물을 들일 때보다 더 오래 고민할 계획이다. 몬스테라로 즐거움도 컸지만 그보다 안타까운 감정도 강렬했던 탓이다. 지난 실수를 되풀이하지 않도록 오답 노트를 보완하는 것은 물론 일어날 수 있는 거의 모든 상황을 찾아보며 적재적소에 맞게 대응할 수 있도록 만반의 준비도 해야겠다. 준비하는 만큼 몬스테라를 곁에 더 오래 두고 키울 수 있을 테니까.

몬스테라	천남성과 몬스테라속 / *Monstera deliciosa* Liebm.
	구멍이 난 큼직한 잎이 멋지며 생명력이 강해 수경재배도 가능하다.

취향이냐, 치약이냐
페퍼민트&녹양박하

디저트 분야에서 꾸준히 회자되는 이슈는 '민초', 바로 민트 초콜릿이 아닐까 싶다. 민트 초콜릿은 이름 그대로 민트와 초콜릿을 합친 것. 민트 초콜릿을 좋아하는 사람들은 스스로를 '민초단' 또는 '민초파'라며 자신의 취향을 밝힌다. (나 역시 민초파다) 그리고 연예인 등 유명인이 민트 초콜릿을 좋아한다고 밝히면 환호를, 좋아하지 않는다고 하면 적잖이 실망한다. 그런가 하면 민트 초콜릿을 두고 '굳이 왜 치약을 먹느냐'며 의아해하거나 자신처럼 민트 초콜릿을 좋아하지 않는 이들에게 동질감을 나타내는 사람도 있다. 이는 탕수육의 '부먹, 찍먹'처럼 타협점 없는 개인의 취향이다. '맞다, 틀리다'의 문제가 아니기 때문에 나와 다르다고 해서 얼굴을 붉힐 주제는 아니다.

가벼운 마음으로 상대방의 취향을 가늠하는 항목 중 하나이자 유명인이 민트 초콜릿을 좋아한다(또는 싫어한다)고 말한 이미지를 공유하는 등 기호가 같은 사람들끼리 친목을 다지는 놀이 문화이기도 하다. 전문가들은 이를 두고 '밈(Meme)'이라 지칭한다. 밈은 생물학자 리처드 도킨스가 쓴 『이기적 유전자』에 등장하는 용어로 문화 전달의 단위 또는 모방의 단위를 뜻하는데, 오늘날에는 패러디를 통한 유행으로 재해석된다. 달달하고 입안이 상쾌해지는 맛에 먹는 민트 초콜릿으로 시작해 유전자, 대중문화로까지 해석되니 뭔가 거창해 보인다.

그러고 보니 민트 초콜릿의 탄생 배경이 궁금하다. 우선 민트 초콜릿에 쓰이는 민트부터 알아봐야겠다. 민트는 여러 종류인데 민트 초콜릿에는 녹양박하와 페퍼민트가 주로 쓰인다. 흔히 스피어민트라고 부르는 민트의 추천명이 녹양박하다. 녹양박하는 고대 로마 시대에도 존재한 허브다. 특히, 헤밍웨이가 쿠바에 머물며 즐겨 마셨던 쿠바식 모히또의 재료로도 유명하다. 일반적으로 향이 달콤한 애플민트를 넣는 것과는 달리 청량한 풍미가 있다. 그 덕분에 헤밍웨이 스타일의 모히또를 판매하는 바(bar)는 쿠바 여행객들에게는 꼭 들러야 하는 곳으로 손꼽힌다.

페퍼민트는 워터민트와 녹양박하 사이에서 자연적으로 교배된 종이다. 이 이름은 그리스 신화 속 지하 세계 왕인 하데스가 '멘테'라는 요정과 불륜 관계에 빠지는데 이에 화가 난 아내 페르세포네가 그녀를 풀로 만들어버린 데서 비롯했다.

역사적으로 수 세기 동안 민트는 환대를 상징했다. 고대 그리스에서는 손님이 오면 민트로 테이블을 문질러 향이 나도록 했고 중동 지역에서는 웰컴 티로 민트차를 내어주기도 했다. 더 많은 사람이 민트를 즐기게 된 건 영국에서 민트가 재배되기 시작한 18세기부터다. 민트차를 마시면서 그 향에 매료된 사람이 늘었고 자연스럽게 대중의 인기를 얻었다. 민트 초콜릿도 영국과 관련이 있을까? 그렇다. 민트 초콜릿은 1973년, 영국 엘리자베스 2세의 딸인 앤 공주의 결혼식에 올릴 디저트를 공모한 자리에 모습을 드러냈다. 정확히는 민트 초콜릿 칩 아이스크림의 형태이며 이름은 '민트 로열'이다. 만든 사람은 요리를 공부하는 영국인 학생. 그 당시 그는 자신이 만든 디저트가 훗날 화제의 중심이 될 거라고 상상이나 했을까!

민트 초콜릿에 관한 재미있는 사실이 하나 더 있다. 비공식적이지만 '세계 민트 초콜릿의 날'이 존재한단다. 2월 19일로 이날, 자신만의 방식으로 민트 초콜릿을 즐기면 된다. 민트 초콜릿 케이크, 민트 초콜릿 빵이나 쿠키 등을 맛있게 먹는 거다. 물론 민트 초콜릿 요리를 직접 만들어도 좋다. 민트 초콜릿의 날을 기념하는 사람들에 따르면 여기에 민트 초콜릿 마티니 같은 민트 초콜릿을 활용한 음료까지 곁들이면 금상첨화란다. 민트 초콜릿의 날이 초콜릿

막대 과자를 사 먹는 우리나라의 기념일처럼 기업 마케팅의 일환으로 생겼다는 의견도 있다. 하지만 하루 날 잡고 자신만의 방식대로 민트 초콜릿을 마음껏 즐긴다니! 상상만으로도 행복해진다. 아무 근심 걱정 없이 좋아하는 걸 실컷 해본 게 언제인지 가물가물하니 말이다. 그들이 부럽기도 하다. 민트 초콜릿의 기호에 옳고 그름은 없다. 다만 민트 초콜릿을 좋아하는 순수한 마음이 기업의 알량한 상술에 이용되지 않기를 바랄 뿐이다.

페퍼민트	꿀풀과 박하속 / *Mentha x piperita* L.
	민트류 가운데 개운한 향이 강하며 커다랗고 삐죽한 잎을 지닌다.

녹양박하	꿀풀과 박하속 / *Mentha spicata* L.
	스피어민트로 알려져 있고 잎이 창(spear)처럼 날카롭게 생겼으며 상쾌한 향이 난다.

우리, 생각보다 인연이 깊었어
선인장

깊게 고민하지 않고 '저건 원래부터 그랬으니까'라며 그러려니 넘어가는 경우가 더러 있다. 정교한 외모와 거리가 먼 뭉툭한 줄기, 그와 대비되는 삐죽삐죽한 가시가 공존하는 선인장이 내게는 그러한 대상이었다. 상반되는 성질이 한 데 모여 있는 독특한 외모를 보고도 '덥고 건조한 환경에 적응한 당연한 결과이겠거니' 하며 대수롭지 않게 여겼으니까. 하지만 서울식물원에서 지금껏 본 적 없는 형태의 여러 선인장을 마주하니 호기심이 동했다. 면밀히 관찰한 다음 집에 와서 자료를 찾아봤다. 그러려니 하며 넘어간 탓에 알지 못했던 흥미로운 사실들이 쏟아졌다.

선인장은 신대륙이 발견된 15세기 대중에 소개되었다고 전해진다. 지구상에 존재하기 시작한 시점은 아직 화석이 발견되지 않아 정확하지 않다. 연구자에 따라 1만 5천 년 전 또는 브라질, 멕시코에서 발견된 선인장의 흔적을 바탕으로 1만 2천~1만 9천 년 전으로도 추정한다. 선인장의 영어 이름 'Cactus'는 '가시'를 뜻하는 고대 그리스어와 라틴어인 '*Kaktos*'에서 유래되었다. 대부분의 선인장은 건조하고 척박한 땅에 적응하기 위해 줄기와 뿌리에 수분을 저장하며 수분 손실을 최소화하기 위해 줄기의 외피는 두껍고 광택이 나는 구조로 진화했다. 같은 이유로 잎은 가시로 변형됐다. 또한 낮에 이산화탄소를 흡수하여 광합성하는 다른 식물과 반대되는 사이클도 갖게 됐다.

어라? 이건 다육식물과 비슷해 보인다. 선인장이 곧 다육식물인 걸까? 아니다. 우선 범주가 다르다. 다육식물이 상위 개념이다. 그 아래에 선인장이 위치한다. 다육식물 중 일부만 선인장에 포함된다. 선인장이 다른 다육식물과 구분되는 가장 큰 특징은 가시자리(Areole). 둥글고 작은 꼭짓점같이 생긴 눈으로 크기는 1~13밀리미터다. 이 부분에서 큰 가시, 방사상 가시, 털 가시 또는 강모가 자라고 새순, 꽃이 핀다. 이 가시자리에서 자라는 가시는 선인장 몸체에서 비교적 쉽게 분리된다. 이와 달리 다육식물의 경우, 가시자리가 없으며 선인장과 비슷한 가시가 나긴 하지만 조직에서 바로 자라기 때문에 쉽게 떼어지지 않는다. 하지만 선인장의 가시자리가 1밀리미터밖에 안 된다면 이 둘을 구분하기가 어려울 수 있다.

선인장이라고 하면 모래바람이 부는 황량한 사막에 홀로 우뚝 서 있는 모습부터 떠오른다. 그런데 이와 정반대되는 기후인 열대

우림에서도 자생한다고 한다. 이처럼 덥고 습한 곳의 선인장은 볕이 강하지 않은 곳에 자라는 나무나 바위 표면에 몸을 부착해 살아간다.

한국에도 선인장 자생지가 있다. 바로 제주도 월령리 금능 해수욕장 근처다. 인터넷에 '월령선인장 군락지'라고 검색하면 쉽게 찾을 수 있다. 참고로 국가표준식물목록에 따르면 월령선인장의 추천명은 왕선인장이다. 왕선인장 군락지인 이 일대는 천연기념물 제429호로 지정돼 있다. 여기서 자라는 왕선인장은 열대지방이 원산지이며 손바닥선인장으로 알려져 있고 제주도에서는 백년초라고도 부른다. (국가표준식물목록에 따르면 손바닥선인장, 백년초는 비추천명이다)

이 선인장은 해류를 타고 바위 틈에 안착해 번식하면서 오늘날 국내 유일의 선인장 군락지를 형성했다고 추정된다. 군락지를 따라 데크로 산책길이 조성되어 있어 15~20분 정도 편안하게 둘러볼 수 있다. 참고로 이 길은 올레길 14코스에도 포함되어 있다. 파도 소리를 들으며 구멍이 숭숭 난 현무암 틈에 자라는 선인장들을 감상할 수 있다니! 오랫동안 머릿속에 있던 선인장 자생지와 다른 풍경이 볼수록 신기하다. 내가 갔을 땐, 입고 있던 우비가 풀어헤

쳐질 정도로 비바람이 심하게 몰아쳐서 예상했던 이색적인 매력을 만끽하지 못했지만, 이 날씨 또한 내가 알고 있던 선인장 자생지와 상반돼 재미있었다. 길쭉길쭉하고 풍성한 잎을 뽐내는 야자수만 제주도의 상징으로 여겼는데 왕선인장 군락지도 추가해야겠다.

왕선인장은 여름에 노란색 꽃이 피고 11월쯤에는 보라색 열매가 열린다. 맞다, 제주도 특산물 중 영롱한 자줏빛을 띠는 그 열매! 여행 기념품 초콜릿 속에서 자주색 크림으로 어렴풋이 그 흔적을 느꼈는데 때를 잘 맞추면 생과의 상태로 만날 수 있겠다. 다음 제주도 여행 때는 바로 여기, 왕선인장 군락지부터 들러야겠다. 왕선인장 열매를 보니 동남아에서 자주 먹던 과일의 정체도 궁금해졌다. 자주색 껍질에 연두색 꼬투리같이 생긴 부분이 삐죽삐죽 튀어나와 있고 하얀 과육에 검은 씨가 콕콕 박힌 것. 이 과일은 용과, 영어로 피타야(Pitaya)로 부르는데 역시 선인장의 열매다.

선인장과 한국의 인연은 또 있다. 잠시 18세기 멕시코로 향하자. 당시 멕시코는 다양한 인종과 문명이 어우러져 있었다. 여기에는 한국인도 꽤 있었다. 선박용 밧줄의 원료가 되는 선인장인 에네켄(발음이 낯설어 '애니깽'으로 불렸다) 재배 농장에서 일하기 위해 이민한 사람들이다. 농장 측에서는 '숙소 제공', '높은 임금', '아홉 시간 근무' 등을 노동 계약 조건으로 내걸었지만 실제로 지켜진 건

없었다. 농장 일은 말도 못 하게 고됐다. 설상가상으로 할당량을 채우지 못하면 농장주가 폭력을 행사하는 횡포도 심했다.

그럼에도 불구하고 한국인들은 꾹 참으며 선인장 농장이 문을 닫을 때까지 착실히 일했고 멕시코 사회에 뿌리를 내렸다. 그뿐만 아니라 식민 지배로 고통받는 조국을 위해 자금을 모으는 등 독립운동에도 큰 힘을 보탰다. 지금 당장 내 몸이 힘든데 멀리 있는 우리 민족의 고통까지 헤아리다니! 나였다면 그렇게 할 수 있었을까? 나의 아픔보다 민족의 희망을 위해 애쓴 선조들의 모습에 숙연해진다. 한국 토종 식물이 아닌 선인장에, 게다가 머나먼 남미의 선인장에 한국인의 애환과 조국 독립에 대한 열망이 서려 있을 줄이야.

선인장이 워낙 척박한 환경에서 자라는 탓에 제 몸 하나 건사하기도 벅찰 것 같지만 다른 동물에게는 따스한 보금자리가 되어주기도 한다. 고장 난 로봇처럼 줄기가 각각 위, 아래로 각지게 꺾인 변경주선인장의 내부는 낮엔 바깥보다 시원하고 밤엔 따뜻하다. 이 사실을 알고 있는지 딱따구리는 선인장에 구멍을 뚫고 들어가 산다. 여기에서 다른 곳으로 이동하기도 하는데, 이렇게 주인 없는 구멍은 다른 새들의 보금자리가 된다. 선인장이 자연스럽게 사막의 공유 주택 역할을 하는 셈이다. 또한 선인장의 꽃은 해가 진 뒤에 피는데 밤에는 박쥐가, 이른 오전에는 개미와 벌, 새가 꿀을 먹으러 모여든다. 뾰족한 가시 탓에 쉽게 곁을 내주지 않을 줄 알았던 선인장에 이런 푸근한 정이 있었다.

다른 지역에서 선인장은 긍정적인 기운을 전해주는 식물로 여겨지기도 한다. 영국에서는 크리스마스 아침에 선인장에 물을 주면 행운을 가져다준다는 이야기가 있다. 브라질 사람들은 지붕에 던진 멜로칵투스속 선인장이 그 자리에서 뿌리를 내리면 좋은 일이 생긴다고 믿는다. 그리고 1739년쯤 멕시코 어느 지역의 가톨릭 성당에는 석재 벽에 싹을 틔운 선인장에 성모마리아가 서 있는 듯한 형상이 나타났다. 상서로운 현상 덕분에 성당은 이 선인장을 보기 위해 모여든 신앙심이 두터운 사람들로 북적댄다고.

선인장에 대해 알고 나니 우리 집 TV 진열장 위, 조막만 한 화분에서 자라는 앙증맞은 백도선선인장이 달리 보인다. 사막을 터전으로 삼는 동물들을 지켜주는 푸근한 보금자리이자, 선조들의 애환과 독립을 향한 투지, 행운을 기원하게 만드는 신성한 존재로 많은 의미를 품고 있는 듯하다. 그저 귀여워 보이기만 한 작은 몸에서 심상치 않은 기운마저 느껴진다. 앞으로 선인장을 볼 때마다 많은 사연이 떠오를 것 같다.

왕선인장

선인장과 선인장속 / *Opuntia monacantha* (Willd.) Haw.

손바닥선인장, 백년초로도 불리며 제주도에 군락지가 있고 자주색 열매는 먹기도 한다.

기본을 세우기 위한 노력

바닐라

사전 조사를 철저히 해도 현장 취재를 통해 새로운 사실을 알게 되는 경우가 더러 있다. 예전에 디저트 특집 기사를 위해 카페 취재를 갔을 때 그랬다. 요리 촬영을 끝낸 후 파티시에와 인터뷰를 했다. 주된 내용은 디저트에 쓰이는 재료와 조리법에 관한 것. 그는 프랑스 현지의 맛을 내기 위해 재료를 되도록이면 가공되지 않은 원물에 가까운 상태로 직접 공수해 조리법에 최적화된 방식으로 손질한다고 했다. 그러면서 카페의 대표 메뉴 중 하나인 바닐라 디저트를 예로 들었다. 나는 메뉴에서 기본 중의 기본인 바닐라가 얼마나 특별할까 싶었다. 하지만 그것도 잠시, 파티시에가 주방에서 가져온 바닐라빈을 본 순간 머릿속에 느낌표 하나가 '툭' 하고 튀어나왔다. '바닐라가 저렇게 생겼다고?'

바닐라를 먹을 줄만 알았지 생김새도, 얻는 방법도 전혀 몰랐다. 메이플 시럽처럼 나무줄기에서 바로 액체를 채취하는 줄 알았다. 칙칙한 갈색의 기다란 꼬투리 같은 바닐라빈의 등장에 머릿속이 복잡해진 내 표정을 보고 파티시에도 무언가 눈치챘나 보다. 그는 웃으며 "가공되지 않은 바닐라빈은 처음 보시죠?"라고 한마디 건넸다. 그러고는 칼로 바닐라빈을 세로 방향으로 길게 쭉 가른 다음, 안에 있는 씨를 싹싹 긁어 한 데 모았다. "이걸 생크림에 넣고 끓이거나 반죽에 넣어서 디저트를 만들어요." 조금 전에 완성한 바닐라 밀푀유를 보여주며 "진짜 바닐라빈을 쓰면 이렇게 작고 까만 알갱이가 박혀 있을 거예요"라고도 덧붙였다.

그때부터다. 바닐라 디저트를 볼 때마다 까만 알갱이부터 확인한 게. 일일이 바닐라빈을 손질하는 노고를 눈앞에서 본 덕분에 다소 높은 디저트 가격에 대한 의문이 풀린 것도.

바닐라에 대해 많은 걸 알았다고 생각하던 즈음, 바닐라가 여기 한국 땅을 밟기까지의 과정도 알게 됐다. 그 향처럼 결코 달콤하지만은 않다. 중앙아메리카에 자생하던 바닐라는 16세기 스페인에 의해 유럽에 소개돼 식물원에서 재배되었다. 하지만 꽃은 펴도 바닐라빈은 맺지 않았다. 당시에 많은 사람이 몹시도 궁금해했던 이 문제는 약 300년 후, 벨기에의 한 원예학자에 의해 밝혀졌다. 바닐라는 멕시코에서만 서식하는 벌이 수정한다는 사실을 말이다. 유럽에는 그 벌이 없기 때문에 수정이 일어나지 않았다. 거듭된 실패 탓에 마음 같아선 벌을 데려오고 싶었겠지만 현실적으로 불가

능했을 터. 오래 지나지 않아 인도양의 프랑스령 레위니옹 섬의 한 소년, 에드먼드가 바닐라 인공 수정법을 발견했다. 바닐라 꽃은 아침에 피었다가 오후에 지는데, 꽃이 피어 있는 동안 사람이 손으로 직접 꽃잎을 젖혀서 수정을 방해하는 부분을 들어 올려 수분하는 식이다. 이 인공 수정법은 발견한 소년의 이름을 따 '르 제스트 데드몽'이라 불린다. 수정을 100퍼센트 보장하지는 않지만 성공률이 꽤 높은 편으로 지금까지도 이어져 오고 있다. 또한 바닐라 대규모 재배법이 정립되는 기반을 마련했다.

아, 그러면 이제 바닐라를 수확해서 요리하면 될까? 아니다. 수정에 어렵게 성공했어도 우리가 먹을 수 있는 형태를 갖추려면 아직도 갈 길이 멀다. 수확한 바닐라빈이 달콤한 향을 지니려면 뜨거운 물에 한 번 데친 다음, 수분이 많은 곳에 넣었다가 꺼내 말리는 과정을 한 달가량 반복해야 한다. 그래야 수확 직전에 녹색을 띠던 바닐라빈이 짙은 갈색을 띠고 '바닐린'이라는 화학 물질이 방출돼 그 특유의 향이 만들어지기 때문이다. 바닐라빈을 맺는 것도 보통 일이 아닌데 손이 많이 가는 고된 작업의 연속이다. 바닐라가 향신료 중에서 가장 비싸다는 샤프란 다음 자리를 차지한 데 절로 고개가 끄덕여졌다. 동시에 바닐라 맛 요리를 아무 생각 없이 먹은 지난날들이 눈앞에 좌르륵 지나갔다. 바닐라 맛을 제대로 음미하지 못한 것 같았다. '아는 만큼 맛있다'는 말을 또 한번 실감했다.

이렇게 까다로운 공정 탓에 바닐라의 가격대는 높은 편에 속한다. 위안이 되는 건 향이 꽤 진하기 때문에 바닐라 에센스의 경우 2, 3방울만으로도 충분히 그 풍미를 낼 수 있다는 사실! 베이킹할 때를 떠올리니 바닐라 에센스를 몇 방울만 톡톡 떨어뜨려도 그 양의 수백 배에 달하는 반죽 전체에 향이 퍼졌다. 그뿐만 아니라 인공적으로도 풍미를 만들 수 있어 부담 없이 널리 활용할 수 있다. 어쩌면 얼마 전에 먹은 아포가토의 바닐라 아이스크림도, 겨울마다 포근한 분위기를 내는 바닐라 향초도 인공 바닐라일 수 있겠다. 물론 자연에서 유래한 바닐라의 풍미가 더 좋겠지만 바닐라가 주는 감미로운 맛과 안락한 분위기는 그것만으로도 충분히 즐길 수 있다.

다양한 산업 분야에서 기본값, 디폴트를 가리키는 용어로 '바닐라 모델' 또는 '바닐라 버전'이라는 말을 쓴다. 바닐라를 얻기까지의 과정을 알고 난 다음, 그 말을 곱씹어 보니 지금껏 기본의 중요성을 모르고 지낸 것 같다. '기본'이라는 틀을 정립하는 데 수많은 사람의 노력이 필요하다는 걸 말이다.

바닐라	난과 바닐라속 / *Vanilla planifolia* Jacks.
	긴 꼬투리 모양의 열매인 바닐라빈을 가공해 다양한 요리에 활용할 수 있다.

복슬복슬하게 수염 난 행잉플랜트

틸란드시아 우스네오이데스

집에 극락조화를 들이고 식물 키우기에 자신감이 붙으면서 박쥐란을 데려오고 테라리엄도 직접 만들었다. 이렇게 나만의 작은 식물 세계를 만드는 재미가 생길 즈음, 행잉플랜트에도 관심이 생겼다. 행잉플랜트는 한글로 해석하면 '공중식물'로 나뭇조각이나 열대 과일 껍질 등에 부착시켜서 벽이나 천장에 매다는 식물과 그걸 키우는 행위를 뜻한다. 이러한 식물들은 토양에 뿌리를 내리지 않기 때문에 야생에서는 대개 나무나 바위, 다른 식물에 붙은 채 뿌리로 공기 중의 부유물과 습기를 빨아들이며 살아간다. 그 말인즉, 식물의 구조나 생활 방식이 척박한 환경에 최적화되어 있어 집에서 키우기에도 어렵지 않다는 뜻. 물론 그렇다고 해서 무턱대고 데려올 수 없다. 손이 덜 가도 살아 있는 생명체니 관리법을 다시 한번 꼼꼼하게 따져야 한다. 식물 하나를 더 들일 때 신경 쓸 부분이 열 가지가 딸려온다면, 마음속에 넣어두고 여력이 생길 때 제대로 키우는 게 낫다.

행잉플랜트는 이 부분이 다른 식물의 절반 수준이다. 물 주는 주기도 길고 볕이 간접적으로 들어오는 곳에서도 살아갈 수 있단다. 오호라, 하나 정도 들여도 잘 돌볼 수 있겠는걸? 그렇게 행잉플랜트에 대한 애정이 커갈 때쯤이었다. 운명이었는지 남편이 행잉플랜트의 대표 격인 수염틸란드시아를 얻어왔다. 업무상 구입했는데 그 역할을 다해 어떻게 할지 궁리하다가 결국 내가 키우기로 했다. 행잉플랜트에 대해 알아볼 때마다 등장한 식물이라 감흥이 크지 않을 것 같았는데 화면이 아닌 집에서 만나니 더 반갑고 설렜다.

수염틸란드시아는 틸란드시아속에 포함된 400여 종의 식물 중 하나다. 정확한 이름은 틸란드시아 우스네오이데스. 길게 뻗은 곱슬곱슬한 잎 모양이 수염을 닮아 수염틸란드시아로 더 많이 불린다. 이러한 생김새에 얽힌 오래된 이야기가 있다.

수염이 덥수룩하게 난 스페인 남성이 가사 도우미를 고용했다. 그녀는 예상치 못한 남성의 외모에 겁을 먹어 도망갔고 남성은 그 뒤를 쫓았다. 궁지에 몰린 그녀는 결국 강으로 뛰어내렸고 그걸 지켜보던 남성은 나무에 수염이 뒤엉켜 죽었다. 그가 죽은 자리에 남겨진 회색 수염은 나무 전체를 뒤덮었고 결국 틸란드시아가 되었단다. 이 이야기 때문인지 틸란드시아 우스네오이데스는 '스페인

이끼(Spanish moss)'로도 불린다.

또 다른 이야기는 이렇다. 사이좋은 부부가 살았는데 부인이 먼저 세상을 떠나자 낙심한 남편이 부인의 머리를 땋아 나무에 매달았고 이게 틸란드시아가 되었다는 것. 남편에게 이 틸란드시아는 아내를 생각나게 하는 유품인 셈이다. 내가 아끼는 틸란드시아가 누군가의 수염이자, 머리카락이었다니. 전해지는 이야기지만 조금은 놀랍다.

틸란드시아 표면을 자세히 보면 은은한 회색빛이 감돈다. '트리콤'이라는 미세한 솜털이다. 트리콤은 공기 중에 있는 먼지와 수분을 흡수한다. 또한 햇빛을 반사해 자외선으로부터 식물을 보호한다. 트리콤을 보니 예전에 박쥐란에게 저지른 실수가 불현듯 떠올랐다. 박쥐란도 틸란드시아처럼 잎 표면에 트리콤이 있다. 박쥐란을 잘 몰랐던 나는 먼지인 줄 알고 이태리 타월로 묵은 때를 벗겨 내듯 젖은 수건으로 있는 힘껏 박박 닦아냈다. 허연 트리콤이 지우개처럼 밀려나오는 걸 보면서 '먼지가 이렇게 두껍게 앉은 것도 모르다니. 내가 너무 무심했네!'라며 자책했다. 하지만 그것도 잠깐이었다. 이런! 트리콤이 모조리 제거돼 맨질맨질해진 잎을 보고 나서야 직감적으로 잘못했다는 걸 알았다. 왜 이렇게 중대한 실수는 항상 뒤늦게 깨닫는 걸까? 이후 박쥐란에 평소보다 더 각별히 애정을 쏟으며 관리했다. 나의 정성을 알아주었는지 천만다행으로 박쥐란에 트리콤이 서서히 재생됐다. 트리콤으로 덮인 표면적이 훨씬 넓은 틸란드시아를 만나기 전에 깨달아서 천만다행이다. 어쩌면 손쓸 수 없을 정도로 어마어마한 피해를 틸란드시아가 입을 뻔했다.

틸란드시아 우스네오이데스를 키우면서 주의할 게 이것뿐일까? 아니다, 한 가지 더 있다. 물을 주고 난 후 추가로 섬세한 손길이 더 필요하다. 머리를 감고 나서 두피까지 말려야 하는 것처럼 틸란드시아도 물을 준 후 잎이 뭉쳐 있는 부분이 무르지 않도록 안쪽 깊숙한 곳까지 꼼꼼하게 말려줘야 한다. 손가락을 적당한 간격으로 벌려 빗살처럼 만들고 잎 사이에 푹 집어넣어 좌우로 살살 흔드는 식이다. 바람이 잘 통하는 창문 앞에서 하면 더 좋다.

틸란드시아의 자리도 계절마다 조금씩 바꿔줄 필요가 있다. 여름인 지금은 에어컨의 냉기가 빠져나가지 않도록 현관 앞에 커튼을 쳐뒀고 그 봉에 틸란드시아를 걸어뒀다. 온도 변화가 크지 않고 적당히 유지되는 자리다. 에어컨을 켜지 않는 계절에는 어디로 옮길지 미리 생각해 봐야겠다. 이 식물은 빛이 강렬하면 잎이 손상돼서 유리창을 통과한 정도의 밝기가 적합하다. 우리 집에선 거실과 침실이 적당하겠다. 하지만 거실은 창을 자주 여닫아서 줄기가 다칠까 걱정되고 침실은 창을 여닫는 빈도는 낮지만 주로 거실과 서재에서 머무는 탓에 자주 볼 수 없다. 시선이 많이 머물고 일상에 자연스럽게 스며들면 좋겠는데 마땅한 장소가 떠오르지 않는다. 아, 맞다! 인스타그램과 핀터레스트에 저장해 놓은 플랜테리어 사진이 있었다. 벽이나 천장에 걸어두는 평범한 방식부터 쓰지 않는 의자 위에 올려두어 틸란드시아를 폭포수처럼 연출한 재치 있는 배치까지 각양각색이다. 이 밖에도 독특한 아이디어가 있었지만 우리 집에선 힘들 것 같았다. 틸란드시아의 필수 생육 조건을 따르되 여기에 개성을 조금만 더해야겠다. 우선 자리는 베란다 창에 설치한 커튼 봉으로 정했다. 이 창은 닫힌 채로 고정돼서 틸란드시아가 손상될 우려가 없다. 틸란드시아만 덩그러니 걸면 허전할 것 같아 갖고 있는 나무 리스 중앙에 틸란드시아를 달았다. 연말이 되면 리스를 크리스마스 소품으로 꾸며 틸란드시아에 색다른 느낌을 줄 계획이다. 틸란드시아 덕분에 우리 집에 크리스마스 포토존이 하나 더 생겼다.

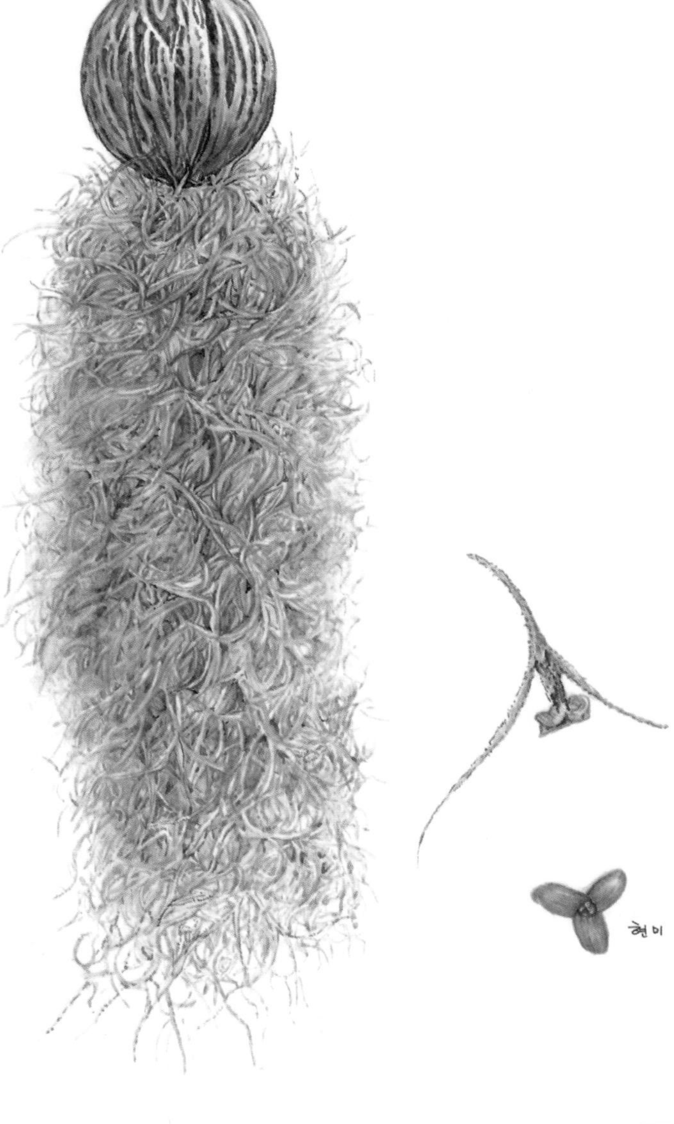

틸란드시아 우스네오이데스	파인애플과 틸란드시아속 / *Tillandsia usneoides* L.
	회색빛 솜털이 나 있고 수염처럼 곱슬곱슬하고 기다란 잎이 특징으로 공중에 매달아 키울 수 있다.

마음을 정화하는 힘

스파티필룸 왈리시

스파티필룸 왈리시는 넓적한 잎에서 뿜어져 나오는 싱그러운 분위기 덕분에 무미건조한 실내를 화사하게 연출한다. 또한 보기 드물게 실내에서도 꽃을 피운다. 식물을 처음 키우는 사람도 어렵지 않게 키울 수 있어 진입 장벽도 낮은 데다가 공기 정화 능력이 조명돼 최근에는 미세먼지로 고통받는 사람들까지 찾는다.

참고로 스파티필룸 왈리시는 알코올, 포름알데히드 등 공기 중의 각종 오염 물질을 제거하는 능력이 탁월해 NASA(미국항공우주국)가 선정한 공기 정화 식물이기도 하다. 아름다울 뿐만 아니라 공기까지 깨끗하게 해준다니! 식물에 관심이 없던 사람도 스파티필룸 왈리시에는 눈길을 줄 만하다. 실제로 내 주변에도 공기 정화를 위해 스파티필룸 왈리시를 첫 반려식물로 맞이했다는 사람들이 있다. 요즘엔 식물 그 자체의 매력은 기본값이고 공기 정화 능력까지 있어야 인기가 좋은가 보다.

그런데 한 가지 의문이 생긴다. 이 작은 식물이 어떻게 그 넓은 사무실 공기를 깨끗하게 해줄까? 식물의 능력을 의심하는 건 아니지만 아무리 그래도 자신의 몸집보다 수천 배나 큰 공기를 들이마신다는 게 조금 이해되지 않는다. 들이마셨으면 그만큼 깨끗하게 정화해서 내보내야 하는데 이게 정말 가능할까? 한번 시작된 궁금증은 한동안 머릿속을 떠나지 않았다. 결국 나와 같은 생각을 한 사람을 찾아냈다. 고맙게도 그는 이를 과학적으로 실험하고 입증해냈다.

미국 대학의 연구진들은 지난 30년간 발표된 식물의 공기 정화 능력과 관련된 연구를 분석했다. 그 결과 창문을 열었을 때 일어나는 자연 환기 효과를 보려면 식물을 1제곱미터 당 5개 두어야 한다는 결론을 내렸다. 공기청정기를 가동했을 때처럼 확실한 효과를 내려면 1제곱미터당 최소 100개에서 최대 1천 개도 필요하다고도 덧붙였다. 140제곱미터가량의 공간에 자연 환기와 같은 효과를 내려면 최소 700여 개, 공기청정기를 대체하려면 최대 14만여 개가 필요하다는 뜻. 발 디딜 틈 없이 식물을 빼곡하게 채워야 공기가 깨끗해진다는 말이다. 이렇게 되면 사람이 머무는 공간에 식물을 넣느라 정작 사람은 들어갈 수 없는 아이러니한 상황이 펼쳐진다. 아무도 없는 곳의 공기를 정화하는 상황이라니. 고개가 절로 갸우뚱해진다. 이제, 그동안 익히 들었던 'NASA 선정 공기 정화 식물'

이라는 타이틀로 의구심이 향한다. NASA도 실험실에 식물만 가득 넣고 그 결과를 측정한 걸까? 실험 조건이 궁금하다.

NASA가 식물의 공기 정화 능력을 실험한 건 사실이다. 정확히는 우주정거장에서 식물이 암을 유발하는 휘발성유기화합물(VOCs)을 제거할 수 있는지에 관한 것. 실험 결과, 하루 사이에 식물을 둔 공간 내 휘발성유기화합물이 70퍼센트가량 제거되었다. 하지만 이는 1제곱미터가 채 되지 않는 밀폐된 공간에 식물만 넣고 이루어졌다. 외부 요인이 통제된 실험실과 현실의 괴리는 꽤 크다. 우리가 생활하는 공간은 외부 공기의 교류가 실험실보다 수십배나 빠르며 각종 변수로 뒤덮여 있다. 실험 결과를 우리 일상에 그대로 적용하는 건 무리다. 그럼에도 불구하고 시간이 흐르면서 제한된 공간이라는 실험 조건은 쏙 빠지고, 공기를 정화한다는 결과만 부각돼 'NASA 선정 공기 정화 식물'이라는 타이틀만 남았다.

연구진은 외부 요인을 통제하지 않은, 우리가 시간을 보내는 일상적인 공간에 식물을 두고 공기 정화 능력을 측정했다. 그 결과 공기 중의 휘발성유기화합물 제거 속도가 식물이 있을 때와 없을 때, 큰 차이가 없다는 걸 알아냈다. 아, 그렇다고 너무 실망하지는 말자. 공기청정기에 대적할 만한 공기 정화 능력을 기대하긴 어렵지만 식물은 실내의 유해한 박테리아의 발생을 막아준다. 이는 업무 생산성을 높이고 성취감과 만족감을 높이는 데 관여한다. 또한 식물을 보는 것만으로도 스트레스가 완화되니 곁에 두면 마음 건강에 도움이 되겠다.

이후, 식물의 공기 정화 능력에 관한 칼럼을 의뢰받으면 진행 여부를 결정하기 전에 담당자에게 이 내용을 먼저 알린다. 식물에서 이루어지는 기본적인 물질대사의 결과로 공기가 깨끗해지긴 하지만 미세먼지가 제거되거나 공기청정기를 대체하는 등 우리의 기대처럼 강력하지는 않다고. 익히 알고 있는 'NASA 선정 공기 정화 식물'이라는 타이틀도 외부 요인이 통제된 실험실에서 이루어진 결과라 실생활과는 거리가 있다고 말이다. 이 부분에 대해 협의가 이루어지면 칼럼을 진행하고 해당 내용을 서두에 짧게 언급한다. 그렇지 않으면 독자를 속이는 기분이 들어서다. 식물이 미세먼지 해결에 직접적인 도움은 못 줘도 사람들이 식물을 찾는 건 마음 놓고 숨조차 쉴 수 없는 불안을 초록의 식물을 보며 해소하고 지친 마음을 치유하려는 게 아닐까 싶다.

스파티필룸 왈리시	천남성과 스파티필룸속 / *Spathiphyllum wallisii* Hort.
	잎이 넓적하며 길쭉하게 피어나는 하얀 꽃에서 은은한 향이 난다.

사계절 내내 아껴줄게

아라우카리아 헤테로필라

결혼하고 나니 어렸을 적 봤던 엄마의 모습이 문득 생각나곤 한다. 특히 엄마가 하던 행동을 내가 그대로 할 때 그렇다. 엄마는 11월 말에서 12월 초쯤, 집 안을 크리스마스 분위기로 꾸몄다. 이 시기라면 어디에서든 볼 수 있는 크리스마스 장식이 뭐 그리 대단할까 싶지만 엄마는 그 당시에는 흔치 않던 소품들로, 매년 다른 콘셉트로 연출했다. 덕분에 우리 가족은 해마다 특별한 크리스마스를 보냈다. 지금 생각하니 엄마의 정성 덕분에 1년 중 겨울을 가장 기다렸던 것 같다.

그리고 엄마가 했던 것처럼 꾸미는 일이 보기보다 어렵다는 것도 알았다. 우선, 원하는 소품을 한 가게에서 모두 구할 확률은 생각보다 낮았다. 운 좋게 한곳에서 구입했는데 막상 우리 집에 어울리지 않아 쓰지 못한 적도 있었다. 무엇보다도 실용성을 우선시하는 성향 탓도 컸다. 나는 집 꾸미는 것 자체가 이해가 잘 안 됐다. 이러니 오로지 장식이 목적인 소품을 구하러 다니는 건 진이 쭉쭉 빠지는 일이었다. 차라리 화보 촬영용 소품을 구입하는 게 더 쉽겠다는 생각마저 들었다.

결혼 후 처음으로 맞이하는 크리스마스에는 아무것도 하지 않으려고 했다. 하지만 자초지종을 들은 엄마는 처음부터 거창하게 하려 하지 말고 제일 작은 트리부터 시작해 보라며 나를 살살 설득했다. 작으면 필요한 소품도 적고 꾸미는 것도 번거롭지 않을 거라면서. 듣고 보니 엄마 말이 맞긴 했다. 작은 장식으로라도 연말의 들뜨고 풍성한 기분을 내고 남편과 추억도 만드는 데 의의를 두자. 장식보다는 분위기 조성에 중점을 두는 쪽으로 뒤늦게 방향을 바꿨다. 이렇게 우왕좌왕하며 시간을 보낸 탓에 크리스마스가 일주일도 채 남지 않은 어느 날, 서둘러 다시 고속터미널 상가로 향했다. 한 뼘 남짓한 작은 트리와 장식 몇 개를 샀다. 급하게 만드느라 어설픈 부분이 많았는데도 남편은 꽤 좋아했다. 나도 덩달아 뿌듯하고 미소가 지어졌다. 그렇게 나도 엄마가 했던 것처럼 크리스마스트리를 매년 다른 콘셉트로 꾸미고 있다.

그러던 중 살아 있는 크리스마스트리를 알게 됐다. 아라우카리아다. 살아 있는 트리라는 별명은 나무의 전체적인 형태가 위에서 아래로 내려갈수록 넓어지고 잎이 바늘처럼 뾰족한 크리스마스트리를 닮은데서 비롯된 것. 자생지가 호주의 노포크섬(Norfolk island)

이라서 '노포크섬 소나무(Norfolk island pine)'라고도 불리며 실제 현지에서도 트리처럼 활용한단다. 어쨌든 독특한 생김새 덕분에 식물 판매 사이트에서는 연말이면 아라우카리아를 크리스마스트리로 쓸 수 있다며 홍보한다. 나도 그 말에 마음을 빼앗겨 사이트에 들어가 봤다. 나무에 대한 정보와 설명이 있었다. 그런데 한 가지가 마음에 걸렸다. 아라우카리아에 알전구를 감아서 장식하라는 내용이다. 알전구가 작아도 빛을 내면 뜨거워질 텐데 그 열을 나무가 감당할 수 있을까? 걱정부터 앞섰다. 괜찮다고 하더라도 전기가 흐르는 물체를 살아 있는 생명체에 감싸는 게 썩 내키지 않는다.

예전에 패션 화보를 진행하면서 알전구를 둥그렇게 뭉쳐 모델 손 위에 살포시 얹는 연출을 했을 때도 혹시나 하는 마음에 좌불안석이었는데, 몸에 전기가 흐르는 걸 휘감는다니. 생각만 해도 아찔하다. 나무에게 미안해서 크리스마스트리로 대체하려는 마음이 쏙 들어갔다. 하지만 그즈음, 동네 책방에서 아라우카리아를 실제로 보고 나무 본연의 매력에 더 깊게 빠졌다. 크리스마스트리 대용에서 반려식물 후보로 바뀐 셈이다. 기회가 되면 데려올 생각으로 틈틈이 아라우카리아를 공부하고 있다.

아라우카리아는 솔방울을 맺는 겉씨식물로 지구상에는 약 1억

7천만 년 전부터 존재했다고 알려져 있다. 남반구에서는 중요한 목재로 쓰이며 키가 30~60미터, 심지어 그 이상 자란다. 관엽류 시장에서는 약 15종이 유통되며 우리에게 친숙한 건 아라우카리아 헤테로필라와 아라우카리아 아라우카나 두 종류다. 아라우카리아 헤테로필라는 앞서 말한 살아 있는 크리스마스트리다. 원산지에서도 크리스마스 시즌이 되면 인기가 올라가는 종류다. 아라우카리아 아라우카나는 '몽키 퍼즐 트리(Monkey puzzle tree)'라는 별명이 있다. 원숭이들이 이 나무에 열리는 견과류를 좋아하는데 가시처럼 생긴 잎 때문에 퍼즐을 풀 듯이 잎을 피해서 올라가는 모습에서 유래됐다. 소나무와 관계없지만 한편에서는 '칠레 소나무'로도 불린다.

아, 그래서 아라우카리아를 들였냐고? 마음은 굴뚝같지만 아직도 고민 중이다. 이 나무를 처음 알았을 땐, 1년 중 연말에만 애정을 쏟고 나머지 기간에는 무관심해질 나의 변덕을 염려했다. 게다가 잎이 넓적한 식물만 키웠던 터라 잎이 뾰족한 아라우카리아에 꾸준히 애정을 줄 자신도 없었다.

하지만 연말이 아닌 계절에 쇼핑몰이나 카페 등에서 만난 아라우카리아는 꽤 멋졌다. 가시 같은 잎이 촘촘하게 나 있어 넓적한 잎 못지않게 풍성해 보이고 여름에 보니 크리스마스가 있는 겨울을 떠오르게 해서 잠시나마 더위를 잊게 만들었다. 지금 키우는 식물들은 잎이 널찍한데 그와 반대되는 모습도 매력적이고. 이렇게 아라우카리아를 들이는 쪽으로 기우는 듯싶었는데 현실적인 문제에 부딪혔다. 바로 나무의 자리다. 에어컨 바람과 통풍, 햇볕 때문에 계절마다 위치를 옮기는 게 쉽지 않을 것 같아서다. 적합한 자리는 이미 다른 화분들이 차지하고 있어 섣불리 데려왔다간 모두가 힘들어질 수 있다. 하지만 포기하기에 아쉬워 식물 키우는 사람들의 이야기를 찾아봤다. 자신이 없더라도 데려오라는 쪽(더 나아가 여러 번 죽이는 과정에서 내공이 쌓인다는 이들까지)과 형편이 나아지면 키우라는 쪽으로 갈렸다.

내 입장은 후자이지만 아라우카리아에 미련이 남았던 터라 전자에 몰입해 봤다. 원래도 조심성이 많은데 그게 식물에 관한 거라 여전히 받아들이기 어려웠다. 식물을 들이는 게 부담이 적은 사람이 있는가 하면 나같은 사람에게는 그렇지 않다. 다양한 식물을 키웠어도 생명을 책임지는 일 앞에서는 대범하게 결정하기가 쉽지 않다. 대신 이런 상상은 해봤다. 테이블야자처럼 자그맣게 품종 개량된 아라우카리아가 있다면 데려오는 것. TV 진열장이나 주방 수납장 위에 두고 키우면 딱 좋겠다. 이렇게 하면 아라우카리아에게도, 나에게도 좋은 상황이 펼쳐지지 않을까?

아라우카리아 헤테로필라	아라우카리아과 아라우카리아속 / *Araucaria heterophylla* (Salisb.) Franco
	삼각형 모양의 수형과 촘촘히 난 바늘잎이 크리스마스트리를 닮았다.

위기에 처한 지구를 구해줄 열매

옥수수

벼, 밀과 함께 세계 3대 주요 곡식으로 꼽히는 옥수수. 재배 역사는 그리 길지 않지만 마야, 아즈텍, 잉카 등 세계 문명을 번성시키는 원동력이 되고 경제에 미친 파급력도 막강한 작물로 꼽힌다. 남미 지역에는 농사를 주관하는 신 외에도 옥수수를 담당하는 신이 따로 존재할 정도로 옥수수는 그 지역 사람들의 정신적 지주이기도 했다. 또한 신이 옥수수 가루를 빚어 사람을 만들었다는 신화도 있다. 오늘날 간식으로 가끔 먹는 옥수수인데 그 당시 사람들은 왜 그렇게 소중히 여겼을까?

옥수수는 농사에 소요되는 노동에 비해 수확량이 월등히 많았다. 농촌진흥청 자료에 따르면 약 50일간 노동하면 20만 명이 먹을 양을 수확할 수 있을 정도로 생산성이 뛰어나다. 게다가 생육에 필요한 환경 조건이 까다롭지 않아 쌀, 보리 등을 재배할 수 없는 땅에서도 잘 자란다. 이를 토대로 인류학자들은 농사짓는 시간이 줄어든 덕분에 여유 시간이 늘어나서 아즈텍의 피라미드, 잉카의 마추픽추와 쿠스코 성벽 등 남미 문화가 번성했다고 평가한다. 그뿐만 아니라 옥수수는 화폐 체계가 정립되지 않았던 시기에 물물 교환의 수단으로도 활용되었다.

오늘날에도 멕시코인들의 주식은 옥수수다. 둥글넓적한 옥수수 가루 반죽을 구운 토르티야를 밥처럼 먹을 뿐만 아니라 고기와 채소 등 각종 재료를 곁들여 타코나 부리또로 즐긴다. 옥수수에 기반을 둔 멕시코 사람들의 식문화는 가치를 인정받아 세계문화유산에 등재됐다. 이처럼 옥수수는 단순히 먹고사는 문제를 해결해 주는 식량, 그 이상의 의미를 지닌다.

옥수수는 콜럼버스에 의해 스페인을 시작으로 유럽 전역에 전파되었다. 사람들은 귀한 호밀과 밀의 대체재로 대량 재배한 옥수수를 선택했다. 이를 계기로 빵 생산이 대중화됐으며 수프 등 다양한 요리로 거의 모든 끼니마다 옥수수를 먹었다. 하지만 옥수수를 즐겨 먹는 유럽인의 식습관은 머지않아 좋지 못한 결과를 가져왔다. 갑자기 피부가 거칠어지는 증상이 나타나거나 염증과 소화기관 통증을 호소하는 사람들이 속속 나타난 것. 신경 질환을 앓거나 심지어 사망한 사람도 있었다. 이러한 치명적인 질병은 옥수수에 부족한 니아신을 장기간 섭취하지 못한 데서 오는 펠라그라병의 시초였다.

그런데 왜 옥수수가 주식인 잉카인들은 괜찮았던 걸까? 학자들은 옥수수를 먹은 역사가 비교적 길었던 잉카인들은 그간 축적된 경험을 통해 옥수수에 영양분이 부족하다는 걸 알았다고 추측한다. 그들은 영양분을 보충하기 위해 옥수수를 먹을 때마다 생선이나 콩을 곁들였다. 그게 아니면 낟알을 석회수에 담가서 조리했다. 이렇게 하면 석회에 함유된 비타민과 니아신을 섭취할 수 있는 것은 물론 옥수수 가공이 수월해진다. 이전 세대부터 차곡차곡 쌓아온 지혜의 힘이 새삼 실감되는 대목이다. 더불어 생명 과학의 개념이 정립되기 훨씬 전에 영양의 균형을 고려한 것도 신기하다.

옥수수는 16세기에 아프리카, 아시아로 전파되었다. 한국에는 17세기 무렵 유입된 것으로 추정된다. 1766년에 편찬된 한문 농서 『증보산림경제』에는 '옥촉서'로 기록되어 있으며 지역에 따라 '강냉이', '옥시기' 등으로 불린다.

아, 혹시 옥수수 알갱이 개수를 세어 본 적이 있는지. 옥수수 알갱이 개수가 일정하다는 말을 들은 적이 있어 연구 결과를 찾아봤다. 그런데 웬걸? 흥미롭게도 알갱이 개수가 350~400개라고 한다. 또한 알갱이의 줄은 14줄, 16줄 정도로 항상 짝수라고. 어쩌다 보니 짝수인 옥수수만 본 것 같다고? 아니다. 이를 뒷받침하는 과학적 근거도 있다. 옥수수는 암꽃이 수분돼 열매로 성장하는데 암꽃의 낱꽃들이 두 줄로 붙어 있어 자연스럽게 열매도 짝수가 된다. 형편 되는 대로 열매를 맺는다고 생각해 신경 쓰지 않았는데 나름의 규칙이 있었네! 이제 옥수수 먹기 전에 열매 개수부터 세어볼 일이다.

옥수수는 달긴 하지만 요즘 나오는 디저트에 비하면 그 정도가 약해 한동안 어른들의 간식으로 여겨졌다. 그러다가 최근 젊은 세대 사이에서 SNS를 떠들썩하게 만드는 간식으로 급부상했다. 초당옥수수가 등장하면서다. 인기 비결은 예상대로 단맛. 얼마나 달길래 이름에 '초당' 즉, '매우 달다'는 뜻의 단어가 붙었을까! 초당옥수수는 일반 옥수수의 변이종이다. 옥수수는 덜 익었을 때 당이 전분화되는데 초당옥수수에는 이 대사 작용이 일어나지 않아 강한 단맛을 자랑한다. 수분 함량도 높아 익히지 않고 날것 그대로 베어 물면 과일처럼 달콤한 즙이 팡팡 튀기까지 한다. 한국에는 공식적으로 1982년에 품종이 수입되어 처음으로 재배되었고 이후로도 신품종이 개발되고 있다. 또한 크고 작은 기업에서도 꾸준히 수입해오고 있다.

그런가 하면 옥수수가 다른 분야에서도 주목받고 있다. 바로 포장재다. 오랫동안 썩지 않는 환경 오염의 주범, 플라스틱을 대체할 소재로 활용되고 있기 때문. 친환경을 넘어 필환경 시대에 꼭 필요한 기술이다. 옥수수 전분에서 추출한 원료는 자연에서 분해되는 시간이 플라스틱보다 짧다. 언택트 문화가 보편화돼 택배 및 배달 물량이 늘어나고 버려지는 포장재가 산더미처럼 쌓이는 상황을 구제해 줄 희소식이다. 마침 얼마 전에 받은 택배 포장지가 옥수수 전분으로 만들어졌다는 문구를 발견하고 반가웠다. 환경 보호에 대한 공감대가 형성돼 옥수수 전분으로 만든 빨대, 포크를 사용하는 카페와 음식점이 늘고 있는 추세도 환영한다. 과거에 남미 문명을 일으킨 옥수수가 오늘날, 지구 환경을 수호하는 주인공으로 환생해 우리를 지켜줄 것만 같다.

옥수수	벼과 옥수수속 / *Zea mays* L.
	수확량이 많고 가공이 쉬운 중요한 곡식이자 최근에는 친환경 소재의 원료로 주목받고 있다.

식물이 생태계를 살아가는 방식

유칼립투스

식물을 키우는 햇수가 늘면서 까다로운 식물을 건강하게 키우는 사람이 부러워졌다. 초보자도 키우기 쉽다던 식물마저 몇 번 죽여본 탓도 있다. 얼마 전부터 향기가 좋은 식물에 관심이 생겨서 허브를 비롯한 식물들을 알아보는 중 구니유카리에 마음을 빼앗겼다. 선물 받은 꽃다발에서 내뿜은 특유의 청량한 향을 맡고 푹 빠진 식물로 일반적으로 유칼립투스라고 알려져 있다. 곧게 난 줄기에 동그란 잎이 나 있는 회오리 감자 같은 생김새가 아기자기하고 안개가 낀 듯한 회녹색의 잎이 신비롭다.

유칼립투스가 차지하는 면적이 넓은 호주 시드니의 산이 '블루 마운틴(Blue Mountains)'이라고 불리는 것도 바로 이 잎 때문이란다. 공기 중으로 증발된 유칼립투스 유액이 햇빛에 반사돼 푸른 안개가 낀 것처럼 보여서다. 생김새부터 향까지, 지금껏 내가 키운 식물에 없던 매력이 있다. 하지만 아직 유칼립투스를 키우기엔 용기도, 내공도 부족하다. 유칼립투스 인센스 스틱으로 아쉬운 마음을 대신한다.

'유칼립투스'라는 이름은 그리스어로 '아름답게'를 뜻하는 단어 '*Eu*'와 '덮다'를 뜻하는 단어 '*Kalypto*'의 합성어로 꽃이 피기 전에 꽃받침이 꽃의 내부를 덮고 있는 모습에서 비롯됐다. 잎에는 기름 성분이 많고 휘발성 물질이 배출되기 때문에 다량 섭취할 경우 생명이 위험할 수 있다. 그렇다면 남다른 귀여움을 뽐내는 호주의 코알라는 유칼립투스를 쉴 새 없이 질겅질겅 씹어 먹는데도 어떻게 멀쩡할 수 있을까? 참고로 코알라의 주식은 잎이 길쭉한 유칼립투스 라디아타로 오일 제품의 주된 원료이기도 하다. 앞서 소개한 구니유카리와 다른 종류다.

유전적으로 코알라는 낯선 화합물을 해독하는 효소의 유전자가 31개며 간에서 높게 발현된다고 한다. 유칼립투스의 독성이 코알라 몸속에서 전부 분해된다는 뜻이다. 결론적으로 코알라는 유칼립투스를 먹어도 생명에 지장이 없다. 같은 이유로 코알라에게 소염제나 항생제 등의 약이 잘 듣지 않는다. 간이 약 성분까지 독성으로 인지해 약효가 나타나기도 전에 재빨리 분해하기 때문이다. 그렇다면 해독 능력이 뛰어난 코알라는 유칼립투스를 마음 놓고 먹을까? 먹는 건 맞지만 '마음 놓고'까지는 아니라고 한다. 만약의 사태를 대비해 코알라는 유칼립투스 잎을 먹기 전, 냄새로 상태를 확인한다. 코알라에게는 페로몬처럼 휘발성이 낮은 화합물의 냄새를 감지하는 유전자가 6개나 있어 먹기에 부적절한 유칼립투스를 냄새로 가려낸다. 태평하게 먹고 자기만 하는 줄 알았는데 코알라는 계획이 다 있었구나!

얼마 전, 호주의 큰 산불로 인해 화상을 입은 코알라를 보고 마음이 아팠다. 호주는 가을부터 이듬해 봄 사이(최근 들어 그 기간이 더 길어졌다고 한다)에 온도는 높고 습도는 낮아 산불이 쉽게 발생한다. 정부는 이 시기를 산불 주의 기간으로 지정해 각별히 관리하며 국민들도 주의를 기울인다. 하지만 땅이 워낙 건조한 탓에 번개가 내리치면 바로 산불로 이어진다.

이와 더불어 호주 숲에서 큰 비중을 차지하는 유칼립투스도 산불을 내는 요인으로 지목되고 있다. 숲에는 유칼립투스가 방출한 알코올과 오일 성분이 머무는데 여기에 뜨거운 햇볕이 내리쬐면 불이 쉽게 붙는다는 것이 전문가의 설명. 심지어 강한 바람에 유칼립투스 나뭇잎이 서로 부딪힐 때 생기는 마찰만으로도 산불이 발생한다.

산불이 나면 동식물들의 터전이 파괴되고 경제적 손실도 막대하다. 사람에게는 득 될 것이 없어 보이지만, 전문가들은 생태계를 건강하게 유지하려면 역설적이게도 산불이 필요하다고 말한다. 산불을 통해 새로운 식물이 번식하고 자랄 수 있다는 것. 모든 걸 흔적도 없이 태워버리는 불이 새로운 시작을 위한 준비라고? 이어지는 설명은 이렇다. 결과적으로 불이 나면 식물은 여분의 씨앗을 바닥에 떨어뜨리고 그걸 개미가 지하로 운반해 새로운 토양에서 뿌리를 내릴 수 있게 만든다.

설명을 들으니 어쩌면 자연이 나름대로 소멸과 생성을 반복하며 생태계를 유지하는 건가 싶다. (그래도 막대한 산불 피해가 걱정되는 건 여전하지만!) 그래서 호주 사람들은 산불을 조심하는 동시에 숲의 생태를 면밀히 지켜본 후, 불이 날 확률이 높은 곳은 큰 산불로 번지지 않도록 미리 불을 낸다고 한다.

유칼립투스로 장식된 꽃다발을 받고 막연히 키우고 싶은 마음에 자료를 찾다 보니 내용이 유칼립투스를 둘러싼 동식물, 더 나아가 생태계로 확장됐다. 이전에는 아는 식물이 많아야 식물의 세계를 이해할 수 있다고 여겼다. 이 또한 맞다. 하지만 식물에 국한되지 않고 식물을 둘러싼 세계까지 둘러보는 것도 중요하다. 식물도 살면서 주변 환경에 영향받고 다른 생명체와 교류하면서 생태계의 일원이 되니까. 내가 키우는 식물이 내게 오기 전, 생태계에서 어떠한 일을 겪었는지 그리고 환경에 맞게 적응하고 생존한 결과가 지금의 모습이라는 걸 알면 더 건강하게 키울 수 있다. 사람도 살아온 환경과 주변 사람들을 보면 성격 등을 어렴풋이 가늠할 수 있는 것처럼. 매일매일의 자그마한 변화를 감지하는 것 못지않게 좀 더 넓게 그들의 세계를 헤아리는 연습도 해야겠다.

라디아타유카리	도금양과 유카리속 / *Eucalyptus radiata* Sieber ex DC.
	상쾌한 향이 진하고 풍부해 오일, 화장품의 원료로 널리 쓰인다.

구니유카리	도금양과 유카리속 / *Eucalyptus gunnii* Hook. f.
	줄기를 따라 회오리 방향으로 난 회녹색의 동그란 잎이 특징으로 청량한 향이 난다.

추억의 한 페이지

아이비 '스타'

아이비 화분을 선물 받았다. 길게 뻗은 줄기도 근사하고 그 줄기를 따라 별처럼 생긴 자그마한 잎이 올망졸망 나 있는 모습이 참 귀엽다. 아이비는 아이리쉬 아이비, 페르시안 아이비 등 종류가 여럿인데 내가 받은 건 잉글리시 아이비라고 부르는 아이비 '스타'다. 덩굴식물인 아이비는 줄기가 나무 또는 바위를 타고 올라가면서 자란다. 다른 식물처럼 자력으로 하늘을 향해 수직으로 올라가지 않는 모습이 재미있다. 이러한 성장이 가능한 건 줄기 마디마다 있는 뿌리의 역할이 크다. 이 뿌리가 벽에 부착하기 때문이다. 덕분에 아이비 줄기는 늘씬하게 자란다. 그래서일까? 아이비와 관련된 추억엔 항상 그 줄기가 중심에 있었다.

아이비, 정확히는 아이비 '스타'를 아주 가까이 마주한 건 플라워 클래스에서였다. 다양한 플라워 어레인지먼트 중 내가 수강한 건 프렌치 스타일. 꽃과 식물 그 자체의 생김새를 십분 활용해 자연스러운 분위기를 연출하는 게 핵심이다. 꽃이 지닌 고유의 생김새를 최대한 살리되 꽃의 높낮이, 얼굴이 향하는 방향에 변주를 주어서 어디에서 보아도 입체적이다. 인위적인 요소를 배제하고 집 앞 정원에 피어 있는 꽃을 꺾어 마음 가는 대로 연출한 듯 자연스러운 매력도 있다. 덕분에 기존에 봐왔던 꽃다발과 조금 다른 형태도 많았고 그래서 매 수업이 특별했다.

아이비도 그 특별함 중 하나다. 오트쿠튀르 부케를 만들 때였다. 우선, 오트쿠튀르라는 단어부터 알아보자. 오트쿠튀르는 패션 분야에서 주로 사용하는 용어로 디자이너가 구현하고자 하는 이상적인 콘셉트를 가리킨다. 그렇기 때문에 디자인이 굉장히 화려하고 원단도 최고급으로 쓴다. 파격적이고 실험적이기도 한데 런웨이를 볼 때 '이런 옷을 어떻게 입고 다녀?' 싶은 옷들 대부분이 여기에 해당한다. 이러한 개념을 적용한 부케는 과연 어떤 모습일까?

선생님은 "전체적으로는 화려하지만 부케에 디테일을 강조해서 드레스에는 잘 어울릴 거예요"라고 설명했다. 흠, 문장 자체는 이해되지만 완성된 모습이 쉽사리 그려지지 않았다. 이어지는 선생님의 시연을 보니 다행히 감이 잡혔다. 부케를 만들기 시작했다. 손으로 꽃을 쥐고 모양을 잡아가며 만드는 핸드 타이드는 늘 어렵다. '내 손이 조금만 더 컸더라면' 낑낑대다 보니 선생님이 만든 것과 얼추 비슷하게 완성됐다. 이제 오트쿠튀르를 완성할 대망의 포인트 바로, 아이비만 남았다.

우선 부케의 형태를 알아야 아이비의 역할이 쉽게 이해될 것 같다. 부케는 막대사탕처럼 생겼다. 꽃이 있는 부분은 동그랗고 줄기 부분이 꽤 길어 두 부분이 명확하게 구분된다. 얼핏 보면 두 부분이 따로 노는 느낌마저 든다. 그렇다, 아이비는 부케에서 이 두 부분을 조화롭게 연결한다. 허전한 줄기 부분을 아이비로 채우는 거다. 줄기 끝부분에서 시작해 꽃이 있는 방향으로, 즉 아래에서 위로 아이비를 나선형으로 감쌌다. 오호라! 이런 재치 넘치는 방법이 있다니. 아이비로 대미를 장식하니 허전했던 줄기는 한껏 멋스러워졌다. 선생님의 설명대로 신부의 미모를 돋보이게 해줄 것 같다. 자세히 보니 벽을 타고 오르는 아이비의 개성도 살렸다. 프렌치 스타일의 핵심인 자연스러운 멋을 그대로 담은 부케다. '부케의 주인공은 꽃'이라고 생각했던 사고의 틀을 깨주고 부케를 한 단계 업그레이드한 아이비에 박수를 보낸다.

아이비와 관련된 또 다른 추억이 떠오른다. 어렸을 때였다. 엄마와 동인천에 가면 종종 터널 비슷한 문을 지나갔다. 홍예문이다. 사람들이 많은 동인천역 대로변에서 깊숙이 들어간 곳에 있는데 여길 통과하면 길게 늘어선 차들을 피할 수 있었다. 이 문이 기억에 남는 건 벽면을 빼곡하게 채운 보스턴 아이비 때문. (보스턴 아이비는 담쟁이덩굴이라고도 불린다) 빈틈없이 무성하게 자란 보스턴 아이비도, 내 얼굴보다 큰 잎이 바람 따라 너풀대서 벽 전체가 일렁이는 듯한 모습도 인상적이었다. 회색 화강암으로 만든 건축물이라 한국의 색채가 짙었는데도 보스턴 아이비 덕분에 유럽의 정취가 물씬 느껴졌다. 그래서 이곳은 여러 드라마와 영화의 배경이 되곤 했다.

하지만 이 문은 일제강점기, 일본인들이 한국인들을 혹독하게 착취한 결과다. 경사지고 딱딱한 화강암을 뚫고 무거운 건축 자재를 옮기는 등 문을 짓는 모진 노역은 한국인의 몫이었다. 이 과정에서 많은 한국인이 목숨을 잃었다. 한국인의 피 땀 눈물로 세워진 것도 안타까운데, 화가 나는 건 이 문의 용도가 한국인을 더 악랄하게 수탈하기 위한 관문이었다는 사실. 홍예문을 통해 일본인 거주지를 한국인 마을까지 확장하기까지 했다. 보스턴 아이비를 보며 '멋지다'만 연발한 나 자신이 부끄러워진다.

보스턴 아이비를 알아보다가 반전을 마주했다. 줄기가 벽을 타고 오르는 특징과 이름 속의 '아이비'라는 단어 탓에 부케를 만들고 내가 키우는 것과 같은 두릅나무과인 줄 알았던 이 식물이 사실 이름만 '아이비'고 포도과의 식물이라는 것. 민망하게도 이름만 보고 섣불리 판단했다.

선물 받은 아이비는 '초보자도 키우기 쉽다'는 말의 함정에 빠져 방심한 탓에 얼마 가지 않아 작별 인사를 해야만 했다. 어릴 때 무심코 지나쳤던 (아이비인 줄 알았던) 담쟁이덩굴부터 플라워 클래스에서 만난 아이비까지… 이 아이를 통해 한동안 잊고 지냈던 아이비의 추억을 떠올릴 수 있어 그 순간이 즐겁고 소중했다.

직접 키우거나 관련 업계에 종사자가 아니어도 누구나 식물과 추억을 만들 수 있다. 또한 식물은 언제 어디든 우리 곁에 늘 있으며 모르는 사이에 우리는 식물의 영향을 받고 함께 성장한다. 고층 빌딩뿐인 삭막한 거리를 바쁘게 거닐 때 플라타너스단풍 그늘 밑을 몇 번이고 지나며, 카페에서 커피를 살 때 계산대 옆에 있는 자그마한 화분에 눈길을 주며, 식물 성분의 디퓨저 향을 맡으며 업무에 집중하니까. 바쁜 일상의 연속이지만 버틸 힘이 조금이라도 생기는 건 어쩌면 이렇게 일상 속 짤막한 식물과의 교감도 한몫했으리라 생각한다.

아이비 '스타'	두릅나무과 송악속 / *Hedera helix* 'Star'
	공기 뿌리가 달려 있는 길게 늘어진 줄기와 올망졸망하게 난 별 모양의 잎이 특징이다.

지친 마음을 어루만져 주는 위로

스칸디아모스

밖에서 일하는 동안 집에서 나를 기다리는 식물이 주는 든든함과 새잎을 틔우고 건강하게 자라는 모습에서 오는 뿌듯함은 이제 일상에서는 없어서는 안 될 소중한 감정으로 자리 잡았다. 흙 위에 물을 주면 '졸졸졸' 하며 물이 흡수되는, 내 귀에는 물을 마시는 것 같은 소리는 마음을 편안하게 해준다. 바람이 부는 날에는 자연스럽게 일렁이는 잎에 매료돼 아무 생각 없이 넋 놓고 보게 된다. 모닥불이 타는 모습을 멍하니 바라보는 '불멍'과 같은 중독이다.

마음을 편안하게 해주는 식물의 영향이 코로나19로 인한 불안을 잠재워 주는 걸 깨달았다. 실내에 머무는 시간이 길어지면서 우울감이나 무기력증을 호소하는 사람이 늘었다. 급기야 '코로나 블루'라는 신조어까지 생기면서 과거부터 오늘날까지 이루어진 식물과 심리적 안정의 연관성에 대한 연구가 다시 주목받고 있다. 이에 힘입어 식물에 관심이 없던 사람들도 식물에 마음을 열기 시작했다.

예전에는 난 같이 조금 까다로운 식물을 키웠다면, 최근에는 관심을 적당히 줘도 무던히 잘 크고 가격 부담이 적은 식물을 찾는 사람이 많다. 식물에 대한 인식도 달라졌다. 요즘 식물을 키우는 사람들은 식물 앞에 '반려'라는 말을 붙여 함께 살아가는 데 의의를 둔다. 식물과 교감하며 그들을 돌보는 일상 자체가 사람들에게 위안이 되는 셈이다.

하지만 식물에 관심이 생겼다고 해서 무턱대고 집에 들이는 건 추천하지 않는다. 햇볕의 양과 통풍을 비롯한 생육 환경을 따져 봐야 하고 식물이 병충해나 질병으로부터 강한지, 물은 얼마나 자주 주어야 하는지 등 생각보다 신경 쓸 부분이 많아서다. 이러한 조건들은 식물을 키운 적 없는 사람에게는 예상치 못한 복병이 될 수 있다.

그래서일까? 요즘 들어 신경 쓸 부분이 거의 없는, 과장하면 방치해도 알아서 잘 크는 식물이 있다는 글이 자주 보인다. 그 대표 식물로 언급되는 게 북유럽의 천연이끼인 스칸디아모스다. 순록이 먹는다고 해서 '순록이끼'라고도 불린다. 벽면에 부착해 플랜테리어 하는 수직 정원에도 널리 쓰인다. 스칸디아모스에 대한 설명 중 햇볕의 양과 통풍에 상관없이 어디에 두어도, 심지어 물을 주지 않아도 된다는 내용을 봤다. 게다가 공기 정화 및 천연 가습 효과도 낸단다.

눈이 휘둥그레지는 홍보 문구에 놀라 스칸디아모스에 관한 자료를 더 찾아봤다. 하지만 아쉽게도 이건 스칸디아모스가 지표면에 붙어 살아 있을 때에 해당된다. 채취 후, 즉 시판되는 스칸디아모스는 물질대사가 이루어지지 않아 이러한 역할을 하지 못한다. 키우면서 신경 쓸 게 없는 건 스칸디아모스가 죽었기 때문. 시판된 스칸디아모스는 죽은 스칸디아모스에 특수 처리를 해 형태만 유지하고 있는 상태다. 같은 이유로 스칸디아모스는 식물 가게는 물론 식물과 거리가 조금 먼 대형 문구점이나 소품 숍에서도 판매된다.

죽은 식물을 집에 들이는 게 꺼림칙하다고? 하지만 꽃을 자연 건조한 드라이플라워나 약품 처리한 프리저브드플라워를 떠올리면 꼭 그렇지만은 않을 것이다. 복잡하게 따지고 신경 쓰지 않아도 초록의 싱그러움을 느낄 수 있어 바쁘거나 식물을 키울 준비가 되지 않은 사람들에게는 오히려 큰 장점일 테니. 그뿐만 아니라 스칸디아모스는 다채로운 색감으로 염색하고 성형할 수 있어 액자, 리스, 토피어리 등으로 활용할 수 있다. 스칸디아모스를 친환경 타일에 접목한 이탈리아 타일 브랜드 제품처럼 말이다. DIY 키트도 판매되는 걸 봐선 손재주가 좋지 않아도 어렵지 않게 만들 수 있을 것 같다.

식물의 인기가 급증한 배경에 사악한 바이러스가 있지만 어쨌든 관련 업계가 발전하면서 외국에 사는 식물 집사의 사진에서나 볼 수 있던 식물들을 두 눈으로 직접 보며 집에도 들일 수 있게 됐다. 또한 식물을 키우는 사람도 많아져서 집에 있는 식물에 이상 증상이 생겼을 때 해결의 실마리를 찾는 것도 훨씬 쉬워졌다.

정부는 코로나19로 인해 심리 치유가 필요한 사람들을 위해 식물 마음 돌봄 키트를 제작했고 현장 관계자들의 마음 건강을 위해 실내 정원을 마련한다고 밝혔다. 이처럼 식물을 통해 부정적인 마음을 가라앉히고 건강한 기운을 받은 사람들이 많아지는 사회 분위기도 반갑다. 식물과 함께 코로나19로 지친 마음을 돌보고 이 위기를 이겨내는 것은 물론 식물에 대한 관심이 쭉 이어져 식물 문화가 더욱 풍성하게 뻗어나가기를 바란다.

식물과 교감하며
그들을 돌보는 일상 자체가
사람들에게
위안이 되는 셈이다.

스칸디아모스	*Cladina rangiferina* (L) Nyl.
	북유럽에서 자생하는 이끼로 순록이 먹어서 순록이끼라고도 불린다. 공기 중의 수분을 흡수하면 폭신폭신해진다.

알고 보니 구면이었던 사이

콜로카시아

타로라고는 타로 카드점밖에 몰랐던 내가 식물 세계의 타로를 알게 된 건 버블 밀크티 프랜차이즈 덕이다. 구체적으로는 그 가게의 대표 메뉴 중 하나인 타로 버블티다. 보라색에 반해서 한번 마셔봤는데 입맛에 맞아서 한동안 그것만 찾았다. 고구마와 비슷하지만 그보다는 향이 약하고 견과류의 고소한 맛이 은은하게 나는데 묘하게 중독성이 있다. 포만감도 적당히 느껴져서 외부 일정이 촘촘한 날엔 밥 대신 마시곤 했다. 아, 그렇다면 밀크티 속 쫄깃쫄깃한 타피오카 펄의 정체는 무엇이냐? 타피오카 펄은 고구마처럼 생긴 카사바 열매의 덩이뿌리에서 채취한 녹말로 만들어진다.

타로는 하와이 사람들의 소울 푸드 중에서도 으뜸으로 꼽히는 요리, 포이의 주재료이기도 하다. 매시드포테이토처럼 타로를 으깨서 만드는데 하와이 식문화에서 상당한 부분을 차지한다. 이것 말고도 타로를 감자의 대체 재료로 활용한 다양한 레시피가 있다. 기름에 튀긴 칩과 반죽을 구운 팬케이크를 비롯한 간식부터 카레와

햄버거 등 식사까지, 그 종류를 전부 헤아릴 수 없을 정도다. 이처럼 활용도 높은 타로는 하와이 사람들에게는 특별한 재료일 수밖에 없다. 그래서일까? '항상 밝은 마음으로 타로를 재배한다'는 신조로 운영되는 타로 농장도 있다고 한다.

그럼 한국에선 타로를 볼 수 있는 곳은 밀크티 가게뿐일까? 아니다. 우리는 종종 집밥에서 타로를 봐왔다. 하와이 사람들의 주식이 한국인의 밥상에 올라온다고? 타로는 우리가 익히 알고 있는 토란의 변종이다. 명절에 먹는 토란국의 그 토란이 맞다. 토란은 토란속, 영어로 콜로카시아(Colocasia)속 식물 중 하나다.

콜로카시아는 관상식물로 인기가 좋아 꽃집이나 식물이 많은 카페, 플랜테리어 사진에서 자주 발견된다. 시원시원하게 뻗은 줄기와 큼직한 잎이 뿜어내는 강렬한 에너지가 공간에 생명력을 불어넣는다. 관상식물로서 콜로카시아의 가치를 한발 빨리 간파한 외국에서는 다양한 콜로카시아가 유통되고 있다. 알록달록한 잎이 아름다운 콜로카시아 모히토, 형광색 잎이 시선을 사로잡는 콜로카시아 엘레나, 몸체가 유난히 큰 콜로카시아 타이 자이언트까지. 저마다 개성을 뽐내는 콜로카시아가 무궁무진하다. 어쨌든 바로 이 식물의 열매가 토란이다.

식물에 관심이 있다면 콜로카시아와 이름이 비슷한 알로카시아를 떠올렸을 수도 있겠다. 나 역시 콜로카시아라는 이름을 보고 알로카시아와 관련이 있을 거라 짐작했다. 정말 그럴까? 그렇다, 둘 다 천남성과에 속해 유전적으로 가깝다. 외형도 닮았다. 둘 다 큼지막한 잎을 갖고 있어 영어로 'Elephant ear(코끼리 귀)'라는 별명을 갖고 있다.

이 둘을 어떻게 구분할까? 전문가들은 암꽃의 모양이 서로 다르다고 한다. 더 쉬운 방법을 찾아보니 몇몇 전문가들은 잎 모양을 유심히 관찰하라고 말한다. 알로카시아는 잎에 광택이 있고 잎끝이 위를 향하는 반면, 콜로카시아는 광택이 나지 않고 잎끝이 아래를 향한다고 설명한다. 그리고 콜로카시아에만 잎 표면에 물이 묻는 것을 막는 돌기가 나 있다고도 한다. 다른 전문가들은 알로카시아는 나무뿌리 같은 줄기를 만들어 그 위에 잎을 내는 반면, 콜로카시아는 지면에서 바로 줄기를 내는 모습으로 이 둘을 구분한다고. 물론 절대적인 기준은 아니다. 환경에 영향받는 생명체이기 때문에 약간의 변형이 있을 수 있다. 알로카시아의 특징을 지니는 콜로카시아가 있을 수 있고 그 반대의 경우도 마찬가지다.

지금껏 알로카시아만 알고 있었고 여러 조건이 맞는다면 자그마한 걸 들

이려고 했는데 그 못지않게 매력적인 콜로카시아를 발견했다. 상대적으로 정보가 많은 알로카시아를 키울지, 낯설지만 좌충우돌하며 알아가는 재미가 있는 콜로카시아를 키울지 고민이다. 명절 밥상 위에서 만나던 토란이 알고 보니 즐겨 먹던 밀크티의 주재료였고 콜로카시아라는 매력적인 식물의 열매였다니! 하나를 찾아보니 그것과 관련된 이야기들이 줄줄 나오는 것도 신기하고 나와는 거리가 먼 식물인 줄 알았는데 알고 보니 몇 번 봤던 사이인 것도 재미있다.

생각해 보니 식물이 선사한 재미는 식물의 영역 바깥까지 펼쳐졌다. 마드리드 여행 중에 우연히 식물화 전시를 발견했다. 멕시코에서 자라는 식물을 그리는 작가의 특별전이었다. 식물을 보이는 그대로 묘사한 작품도 있었지만 작가 자신의 취향대로 색감을 화려하게 쓰고 선을 거칠게 표현한 작품이 꽤 인상적이었다. 작품 하나하나 보다 보니 작가가 어떠한 사람인지도 궁금해졌다. 전시를 다 보고 나서 그의 SNS 계정을 팔로우해 근황도 살피고 전시 이후에 완성한 그림도 감상하며 지내고 있다. 아마 식물에 관심이 없었다면 전시조차 모르고 지나쳤을 테고 이러한 소중한 인연도 없었겠지. 얼마 전에는 의미 있는 경험도 했다. 기자로서 매번 인터뷰어 역할만 맡다가 처음으로 인터뷰이가 돼 잡지의 지면을 채운 것. 의미 있다고 말한 이유는 인터뷰 주제가 식물 집사였기 때문이다. 칼럼은 봄을 맞이해 식물을 들이려는 사람이 타깃이었다. 질문에 답하기 위해 식물과 함께했던 일들을 떠올리니 절로 행복해졌다. (인터뷰를 통해 소개하고 싶은 식물 에피소드가 너무 많아 추려내느라 애를 먹기도 했지만!) 무엇보다도 식물을 키우며 받았던 긍정적인 영향을 나 혼자만 갖고 있지 않고 다른 사람에게 전할 수 있어 특별했다. 내 책을 읽거나 내가 키우는 식물을 보고 식물을 들였다는 지인들이 있었는데 더 많은 사람에게 식물 생활의 소중함을 공유하다니. 이건 재미를 넘어 영광이었다.

콜로카시아	천남성과 토란속 / *Colocasia esculenta* (L.) Schott
	코끼리 귀를 닮은 넓적하고 큰 잎이 특징으로 토란이 열린다.

이면을 살피는 자세

핑크뮬리

분홍색은 뭔가 낯간지러워서 별로 좋아하지 않지만 핑크뮬리만큼은 마음에 든다. 사진 속 핑크뮬리는 파스텔을 손에 묻혀 종이 위에 스윽스윽 문질러 놓은 것 같은 보드라운 분홍빛이 매력적이다. 그 몽환적인 분위기에 매료되어 손으로 한번 만져보고 싶을 정도다. 사진으로도 이토록 아름다운데 실제로 보면 얼마나 더 근사할까? 집 근처 카페에서 핑크뮬리를 보긴 했지만, 들판에 무리를 지어 자라는 핑크뮬리를 보러 나설 여유가 없었다. 그러던 중 취재를 계기로 운 좋게 핑크뮬리를 신나게 보게 됐다. 남들보다 늦었지만 그때 그 분홍 물결이 선사한 감동은 아직도 생생하다.

여행 콘텐츠 제작을 위해 전국 각지를 돌아다녔다. 한 지역의 유서 깊은 역사 유적지부터 통통 튀는 젊은 감성이 묻어나는 곳까지, 여행자의 관점에서 가볼 만한 곳은 거의 다 갔다고 해도 과언이 아닐 정도였다. 여기에 최근 식물의 인기에 힘입어 자연 풍경이 뛰어난 곳도 포함시켰다. 예를 들면 특정 식물의 군락지나 식물원

등이다. 그중 기억에 남는 곳을 꼽으라면 전주와 경주다.

전주라면 한옥마을밖에 몰랐는데 취재를 통해 수목원도 있다는 걸 알았다. 이곳은 1970년대에 전주묘포장으로 시작해 2019년 1월, 이름을 한국도로공사 전주수목원으로 바꿔 재탄생했다. 고속도로를 건설하면서 훼손된 자연을 복구하고 다양한 식물종을 보존 및 연구하려는 목적으로 운영된다. 내가 방문한 때는 가을이었다. 수목원 입구에 들어서니 지나가는 사람들 열에 아홉이 핑크뮬리 이야기를 하며 찾아 나섰다. 자연스레 기대감이 커졌다.

정해진 촬영 순서에 따라 식물원의 모습을 담아야 하는 탓에 핑크뮬리부터 보러 갈 수 없는 상황이 나를 애타게 만들었다. 내가 키우는 박쥐란이 있어 반가웠던 양치식물원, 무궁무진한 무궁화가 식재된 무궁화원, 물 위에 뜬 채로 살아가는 식물들이 흥미로웠던 수생식물원 등을 취재하고 한 폭의 그림 같은 대나무숲에서 청량한 바람을 맞으면서도 나도 모르게 '핑크뮬리를 보려면 얼마나 남았는지'를 계산하고 있었다. 드디어 핑크뮬리 차례. 기대가 크면 실망이 큰 법인데 웬걸? 그 이상이었다. 분홍색 구름이 하늘을 떠다니다 잠시 쉬러 땅에 살포시 내려앉은 듯한 풍경이었다. 볏과 식물이라서 여느 꽃처럼 얼굴이 크지도 않은데다 그 형태마저 희미한데 여럿이 모여 있으니 아름다움이 발휘되는 듯했다. 바람 따라 일렁이는 분홍색 물결 역시 장관이었다. 일하면서 만나는 대상에 사심을 느낀 적이 많지 않은데 나도 모르게 '우와!'라는 감탄사를 연발했다.

경주에서 본 핑크뮬리는 조금 색달랐다. 전주에서 핑크뮬리를 실컷 본 후라서 감흥이 없을 줄 알았다. 그런데 첨성대를 배경으로 한 핑크뮬리는 이전까지 알고 있던 경주의 이미지를 단번에 바꿔놓았다. 내게 경주는 '역사가 숨 쉬는 천년고도의 도시'라는, 다소 예스럽고 근엄한 곳이자 초등학생 시절을 떠오르게 하는 추억의 수학여행지였다. 이렇게 무게감 있던 도시가 분홍색 식물을 만나니 상큼하고 한층 어려진 느낌이었다. 첨성대가 보이는 핑크뮬리 밭에서 나이, 성별을 불문하고 모두가 한마음으로 사진을 찍었다. 그들에게선 활기가 넘치고 환한 미소가 떠나지 않았다.

그래서일까? 몇 해 전부터 가을이면 '핑크뮬리 인생 사진 스폿'이라는 제목의 콘텐츠가 SNS에서 활발히 공유되고 있다. 그리고 신기하게도 매번 새로운 장소들이 속속 등장하고 있다. 건망증이 심해서 이미 알고 있던 곳을 까먹었는 줄 알았는데 아니었다. 2019년 기준, 전국 지자체 공공기관 주도로 조성한 핑크뮬리 밭의 면적은 최소 1만 제곱미터로 이는 축구장 15개가량을 합한 크기다. 이렇게 많은 핑크뮬리 밭이 생긴 이유는 내가 핑크뮬리를 보며 느낀 점의 연장선에 있다. 관광객을 모으기 위해서다. 핑크뮬리를 통해 익숙했던 관광지에 색다른 개성을 더해 사람들을 재방문하게 만드는 전략도 있겠다. 게다가 실제로 관광객이 늘었다는 성공 사례가 많으니 여러 지자체에서 핑크뮬리를 심는 것 같다.

우후죽순 늘어나는 핑크뮬리 밭, 문제는 없을까? 핑크뮬리는 미국, 유럽 등지에서 건너온 외래종으로 번식력이 막강하다고 알려져 있다. 핑크뮬리 근처에는 잡초가 자라지 못할 정도인데, 이 때문에 전문가들은 한국 토종 식물이 위험해질 수 있다고 우려한다. 게다가 핑크뮬리 종자는 바람을 타고 쉽게 확산된다. 핑크뮬리 밭 바깥까지 종자가 퍼지면 이미 뿌리내리고 있는 식물들의 생존을 방해할 수 있다. 기존 식물을 보호하기 위해 핑크뮬리를 뿌리째 없애야 하는데 그러려면 독성이 강한 제초제를 사용해야 한다.

무분별하게 늘어나는 핑크뮬리 밭이 한국 토종 식물에 위협이 될 수 있는 상황이다. 환경부는 핑크뮬리를 생물 다양성 보전 및 이용에 관한 법률에 따라 검토했고 위해성 2급으로 분류했다. 생태계를 교란시킬 가능성이 매우 높은 1급은 아니지만 생태계에 미치는 영향을 지속적으로 모니터링하며 관찰할 필요가 있다는 뜻이다. 이와 더불어 각 지자체에 핑크뮬리 식재를 자제하라고 권고했다. 최근에는 사태의 심각성을 고려해 이미 조성된 핑크뮬리 밭을 엎고 그 자리에 토종 식물을 심는 지자체가 늘고 있다. 더불어 핑크뮬리 확산을 막기 위한 수칙, 가령 '사진은 밭 한가운데가 아닌 밖에서 촬영하기', '핑크뮬리 꺾어가지 말기' 등을 알리는 사례도 있다.

인간이 이익을 위해 외래종을 들였는데 반대로 스스로의 안전을 위협하는 상황이 된 격이다. 나 역시 아름다운 모습에 눈이 멀어 그 이면까지 꼼꼼하게 살피지 못했다. 외양만 강조했다. 아직 멋진 모습이 발견되지 않은 토종 식물이 충분히 많이 있을 텐데. 앞으로 핑크뮬리에 대한 이야기를 나누거나 글을 써야 하는 상황이 온다면 이 점을 반드시 유념해야겠다. 더 나아가 평소에도 어떠한 상황이나 사물의 이면을 깊이 헤아려야지.

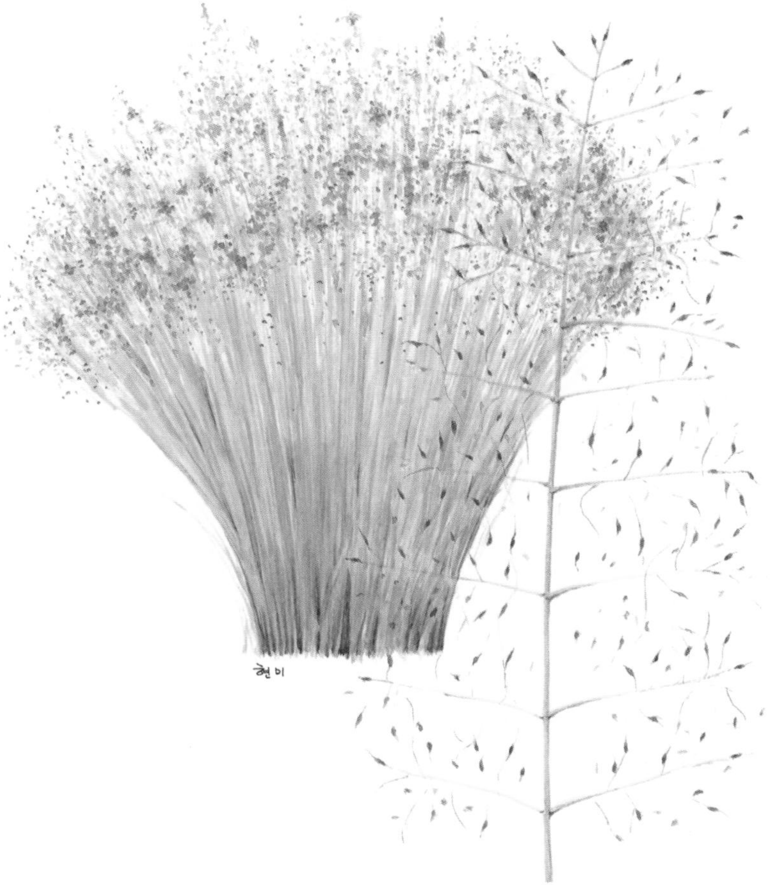

핑크뮬리	벼과 쥐꼬리새속 / *Muhlenbergia capillaris* (Lam.) Trin.
	미국 서부나 중부의 평야에서 무리 지어 자생하며 가을이면 분홍색 꽃이 핀다.

세계를 뒤흔든 작은 열매
후추

거의 모든 요리에 들어가는 향신료, 후추. 고기를 밑간할 때나 국, 볶음 등 각종 요리에 마무리로 두세 번 톡톡 뿌리기만 해도 음식의 풍미가 확 살고 고급스러운 맛이 난다. 육류나 해산물을 익힐 때는 통후추 몇 알로 특유의 잡내를 없애기도 하며 요리 좀 하는 사람이라면 후추를 종류별로 구비해 놓고 메뉴에 따라 골라 넣는다. 숟가락 단위로 왕창 넣지 않아도 제 역할을 톡톡히 해낼 뿐만 아니라 가격까지 저렴한 향신료다.

후추는 다른 물체 또는 식물을 휘감으며 자라고 6, 7월에 꽃이 피며 열매를 맺는다. 맞다, 이 열매가 우리가 먹는 부분. 열매는 익은 정도와 가공 방식에 따라 그 종류가 다양해진다. 대중적으로 많이 먹는 흑후추는 덜 익은 초록색 열매를 수확해 끓는 물에 데친 다음 말린 것으로 매콤하고 알싸한 맛이 난다. 흰후추는 완전히 익은 열매를 물에 불린 다음 껍질을 벗긴 것으로 흑후추보다 매운맛이 덜해 순하다. 이 밖에도 소금 및 식초로 염장한 녹후추도 있다.

하지만 알고 보면 후추는 요리뿐만 아니라 세계사에 굵직굵직한 사건을 일으킨 향신료이기도 하다. 후추 이야기 중에 갑자기 웬 세계사? 설명하자면 이렇다.

후추의 원산지는 인도의 남부 지역으로 기원전 4세기경 로마로 전해졌다. 이 시기의 사람들도 우리처럼 후추로 고기의 누린내를 잡거나 음식의 풍미를 살렸다. 냉장 기술이 발달하지 않았던 당시, 악취를 질병의 원인으로 여기는 인식이 지배적이었기 때문에 후추는 없어서는 안 되는 필수품이 됐다. 그러면서 후추 한 줌의 가격이 장인 한 명의 1년 치 임금 수준까지 치솟았다. 당대 최고의 몸값을 구가한 후추는 중동을 거쳐 유럽에 소개되었다. 하지만 15세기 오스만제국이 동로마를 정복하고 육상 무역로를 봉쇄하며 막대한 세금을 걷자 유럽은 후추 무역에 난항을 겪었다. 위기는 기회가 될 수 있다고 했던가. 유럽 사람들은 육지가 아닌 바다를 통해 직접 후추를 들여오는 경로, 이른바 '스파이스 루트'를 탐색하기 시작했다. 이 과정에서 콜럼버스는 1492년 아메리카 대륙을 발견했다. 후추 대신 신대륙을 얻은 셈이다.

이후 바스코 다 가마가 이끄는 포르투갈 선단은 3년의 항해 끝에 인도 서남해안 캘리컷이라는 지역에 당도했다. 그들은 무력 함대를 동원해 수십 년간 향신료 무역의 중심지인 이 지역을 장악했고 후추 생산과 무역 독점권을 확보했다. 이로써 세계 무역의 판도가 뒤바뀌었다. 하지만 네덜란드가 동인도 회사를 설립하면서 상황은 전환됐다. 17세기 무렵부터는 대영제국이 후추 플랜테이션 농장을 설립했으며, 20세기에는 남미와 아프리카의 많은 나라에서도 후추가 생산돼 가격이 떨어지고 보편화됐다.

후추의 몸값이 하늘 높은 줄 모르고 치솟던 때, 일반 대중들은 후추를 애지중지 다루었다. (심지어 구경조차 제대로 못한 이들도 있었다) 하지만 그 반대편에서는 차고 넘쳤나 보다. 일부 권력가나 부유층 사람들은 후추를 먹는 용도가 아니라 재력을 과시하는 데 펑펑 썼으니 말이다. 그들은 요리에 후추를 비롯해 당시에 구하기 힘든 각종 향신료를 필요 이상으로 가득 보관했다. 과거 유럽에서 쓰던 식기 중 특히 조미료를 보관하는 통이 유난히 크고 화려한 것도 바로 이 때문. 어디에서도 눈에 띄는 조미료 통은 곧 '난 이렇게 큰 통에 후추를 꽉 채워놓고 먹을 만큼 돈 많은 사람이야'라고 자랑하는 것과 다름없었다. 후추가 바람에 날릴까 후추를 쓸 때면 집 안의 모든 창문을 닫았다는 일반 대중들과는 상반되는 모습이다.

동양에서도 후추는 귀한 재료였다. 중국에서는 후추가 '검은 황금'이라고 불릴 정도로 비싸 세금을 낼 때 화폐 대용으로도 쓰였다. 우리나라에는 고려시대, 송나라와의 교역을 통해 들어왔다. 고려시대 학자 이인로가 저술한 『파한집』과 고려시대의 역사서인 『고려사』에 유구의 사신이 후추 300근을 가져왔다는 기록이 이를 뒷받침한다. 흥미롭게도 이때는 후추를 요리용보다는 약용으로 활용했다. 아침마다 후추를 먹으면 더위와 추위를 타지 않는다는 민간요법도 전해졌다. 여름에는 후추 한 알만 먹으면 식중독에 걸리지 않는다고 믿었단다. 그저 믿음에 지나지 않을 것 같지만 놀랍게도 그 원리가 후대에 과학적으로 입증됐다. 후추가 위의 소화액 분비를 촉진시키고 부패 방지 및 살균 효과를 낸단다. 우리 선조들은 그 당시에 이걸 어떻게 알았을까!

또한 조선시대의 성종은 후추를 우리 땅에서 직접 재배하는 데 관심이 많았다. 무역에만 의존하면 후추 값이 오르거나 유통에 난항을 겪게 될 때 대처할 수 없기 때문이다. 가공되지 않은, 즉 땅에 심고 키울 수 있는 상태의 후추를 찾았다. 하지만 무역 상대국이 후추 종자를 거래한다면서 삶은 후추를 속여서 판매하는 식으로 기만해 아쉽게도 성과를 내지 못했다. 조선시대 후기에 들어 후추는 식재료로 다시 주목받았다. 그 당시 저술된 한국 최초의 한글 조리서인 『음식디미방』에 수록된 조리법 중 매운맛을 내는 양념으로 후추가 자주 등장하는 것은 이를 뒷받침한다.

뽀얀 수프 위에 톡톡 뿌리고, 스테이크의 잡내를 없애는 데 쓰는 후추에 이렇게나 많은 사람의 사연이 있다는 점이 놀랍다. 음식의 풍미를 살리는 향신료에서 한 단계 더 나아가 신대륙 발견을 비롯해 각종 세계사에 지대한 영향을 주는 데 결정적인 계기가 된 것도. 지금 내가 일상에서 당연하게 누리는 모든 것들이 나보다 앞선 사람들의 노력의 결과였다. 이 작은 후추를 통해 무얼 하든 감사한 마음을 갖고 소중히 여기는 태도를 다시금 배운다.

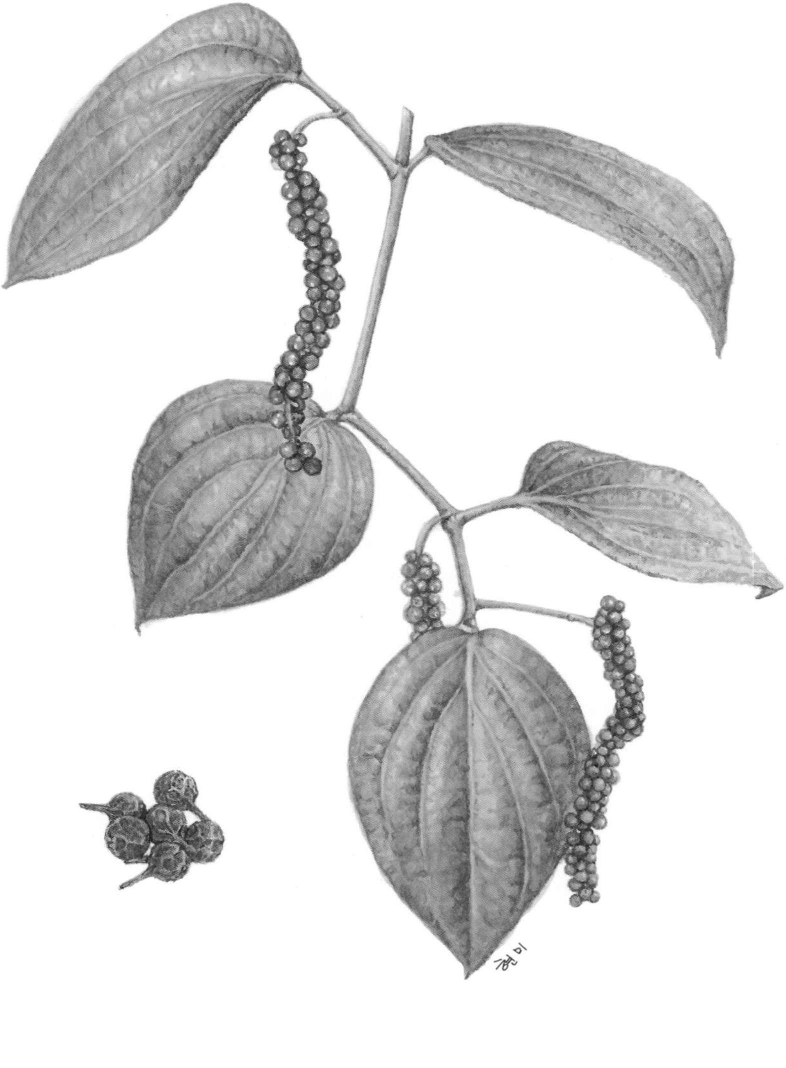

후추	후추과 후추속 / *Piper nigrum*
	수확한 열매를 햇볕에 말려 가공하면 특유의 매콤한 향이 나 요리에 두루 쓰인다.

지구를 아끼라는 경고
개나리

겨울의 한기가 채 가시지 않은 초봄에도 '봄이 오긴 왔구나'라며 마음에 온기를 지펴주는 개나리. 샛노란 꽃잎은 생명 활동을 잠시 멈춘 겨울의 잿빛 기운을 확 걷어내고 눈마저 즐겁게 해준다. 작은 꽃 여러 송이가 옹기종기 모여 있는 모습은 한 해의 시작을 함께하자며 기운을 북돋아 주는 것 같다. 이처럼 생동감 넘치는 풍경을 보고 있자니 겨우내 꽁꽁 언 몸과 마음이 예열된다.

개나리는 봄이 왔음을 알려주는 반가운 존재다. 그런데 개나리의 '개'자가 질이 떨어지는 것을 의미한다는 이유로 종종 그 가치를 인정받지 못할 때가 있다. 그런가 하면 '개'를 물가로 해석하는 관점도 있다. 개울, 개천의 '개'와 어원이 같다는 게 근거다. 그렇게 되면 개나리는 물가에 사는 나리꽃으로 볼 수 있다. 개나리의 어원에 관해서는 아직까지도 활발히 연구 중이라고 한다. 봄을 기다리는 마음으로 결과를 지켜봐야겠다.

개나리의 학명은 *Forsythia koreana* (Rehder) Nakai다. 여기에서 종소명 '*koreana*'는 한국을 뜻한다. 개나리는 한국에서만 발견된 자생식물이다. 몇 해 전에는 광복 70주년을 기념하여 산림청 국립수목원이 '우리 식물주권 바로잡기'를 통해 영어로 된 식물 이름을 재정리했고, 개나리의 영어 이름을 한글 발음 그대로 적은 'Gaenari'로 공식화했다. 한글을 영어로 옮기거나 그와 유사한 외래어로 대체하면서 의미를 충분히 담아내지 못한 데서 오는 답답함, 예를 들면 어묵을 'Fish cake'라 표기했을 때 느꼈던 기분이 뻥 뚫린다. 한국 토종 식물을 한글 그대로 표기하니 편안함, 그 자체다. 영화 홍보 차 한국을 찾은 외국 배우가 어눌하고 부정확해도 "언농하세여"라고 한국말로 인사하면 없던 호감이 생기고 심지어 한국이 자랑스러웠는데 이제 꽃 이야기를 할 때도 이러한 상황을 마주할 수 있어 기쁘다.

하지만 개나리에 대한 몇 가지 사실은 이 들뜬 기분을 반성하게 만든다. 개나리는 한국 특산 식물이지만 나고 자란 자생지가 아직 발견되지 않았단다. 1900년 러시아 학자 팔라빈의 기록이 개나리를 학술적으로 인지하고 알린 계기가 됐다. 이후 미국 아놀드 수목원 소속 식물학자 윌슨이 개나리를 한국 특산임을 처음 밝혔다. 이때 그는 서울, 진남포, 지리산 등에서 채집한 표본을 기준으로 삼았다. 1926년에는 일본인 식물학자 나카이가 개나리를 한국 특산종으로 인정했다. 맞다, 학명 속 'Nakai'의 주인공. 좀 더 설명하자면 'Rehder'가 개나리의 학명을 제안했고 이후, 나카이가 학계에 정식 보고했다. 2010년에는 학회지에 개나리 자생지에 관한 논문이 발표되었지만 그곳을 자생지라고 부를 수 있는 타당한 근거가 부족했다. 여러 식물학자가 개나리를 한국 특산 식물로 밝혔는데도 불구하고 그 자생지를 찾지 못한 게 현실이다.

개나리의 번식 방법은 이러한 상황을 더 안타깝게 만든다. 개나리는 수술은 퇴화하고 암술이 발달한 장주화, 암술은 퇴화하고 수술이 발달한 단주화 두 종류다. 자연 상태에서 개나리가 번식하려면 이 두 종류의 꽃이 적절한 비율로 분포해야 한다. 하지만 우리 근처에 있는 대부분의 개나리는 단주화다. 때문에 번식 확률이 굉장히 낮다. 꺾꽂이나 삽목, 즉 인간이 개입되어야만 한다.

식물 스스로 번식하지 못하면 유전적 다양성이 낮아져서 기후 변화나 질병에 대응하기 어렵다. 전문가들은 개나리가 멸종되는 최악의 상황까지 우려하고 있다. 생물 다양성이 감소하면 촘촘하게 조직된 생태계가 파괴돼 인간의 식량까지 위협받는다. 설상가상으로 생물을 볼모로 끊임없이 전쟁을 치르게 돼 결국 인류의 존재마저 위태로워질 수 있다.

몇 년 전, 12월 한겨울에 개나리가 펴서 사람들을 놀라게 했다. 봄꽃은 대개 동백과 매화, 목련과 개나리, 진달래, 벚꽃, 철쭉 순서로 핀다. 그런데 개나리가 동백과 매화를 추월했다. 이를 두고 개나리와 벚꽃의 개화 시기 간격이 점점 짧아진다는 분석도 있다. 하지만 전문가들은 전 세계적으로 이루어지고 있는 지구 온난화와 국지적으로 진행되는 도시화로 인한 기온 변화를 주된 원인으로 보고 있다. 봄꽃이 개화 시기를 가늠하는 기준은 달력이 아니라 자신의 몸에 하루하루 누적된 온도다. 겨울의 이상 고온과 봄의 이상 저온 현상으로 인해 봄꽃의 생체 리듬이 깨졌고 그 틈에 기온이 일시적으로 상승하자 꽃이 피어버렸다는 분석이다.

'지구는 후손들에게 빌려 쓰는 것'이라는 문구를 본 적이 있다. 봄이면 어김없이 찾아오는 개나리와 그 아름다운 풍경을 후손들에게 물려주려면 감상만 해서는 안 되겠다. 내가 노력하지 않아도 때맞춰 피고 주변에서 쉽게 볼 수 있는 탓에 개나리, 그 존재 자체의 소중함을 몰랐다. 잃고 나서 탄식하고 뒤늦게 고마움을 깨닫는 실수를 되풀이해서는 안 된다. 공장에서 만들어내는 물건은 다시 구입하면 되겠지만 생명체는 멸종되면 다시 살릴 방법이 없다. 개나리가 이 땅에서 오래오래 뿌리내리며 건강한 생체 리듬을 갖고 살아갈 수 있도록 지구를 보호하는 수칙들을 실천해야겠다. 나의 실천이 지구 전체를 살리는 데 큰 힘이 되지 못할 수 있지만 어느 광고 문구처럼 최소한 내가 지나온 길은 바뀔 테니까.

개나리	물푸레나무과 개나리속 / *Forsythia koreana* (Rehder) Nakai
	네 갈래로 갈라진 노란색의 꽃잎이 화사하며 봄을 대표하는 꽃이기도 하다.

각양각색 개성 만점
맨드라미

특별한 이유는 없지만 왠지 모르게 이름이 귀여운 맨드라미. 그저 이름이 귀엽다고만 느낀 이 꽃의 진가는 플라워 클래스에서 제대로 알게 됐다. 맨드라미는 닭벼슬맨드라미, 주먹맨드라미, 촛불맨드라미 등이 있다. 닭벼슬맨드라미와 주먹맨드라미는 같은 꽃인데도 불구하고 개성이 뚜렷하게 구분돼 그 생김새를 본 따 각각 '닭벼슬', '주먹'이 붙여진 별명. 식물분류학상 이 둘은 맨드라미로 통칭한다. 클래스에서 만난 맨드라미는 닭벼슬맨드라미로 시작 전부터 시선을 사로잡았다. 지금껏 봐왔던 꽃보다 얼굴이 월등하게 크고 채도가 높아 첫인상부터 범상치 않았다. 무엇보다도 표면에 나 있는 거친 털은 강렬함을 넘어 '꽃이 맞나?'라며 그 정체성까지 의심하게 만들었다.

꽃잎을 살짝 문질러 보니 미세한 저항감과 부드러움이 동시에 느껴지는데 꼭 벨벳 같았다. 이상하게 자꾸만 손이 갔다. 이름이 맨드라미인 건 촉감이 맨들맨들(매끌매끌)해서, 꽃 모양이 마치 종이로 맨들어진(만들어진) 것 같아서, 닭 볏을 뜻하는 특정 지역의 방언인 '면두'가 변형되어서 등… 유래가 다양하다. 어쨌든 이름부터 생김새까지, 결코 평범하지 않은 꽃이라는 건 확실하다.

초보자의 눈에도 예사롭지 않던 맨드라미는 꽃꽂이 작품 전체에서도 비중이 꽤 컸다. 이 꽃을 어디에, 어떻게 꽂느냐에 따라 완성도가 결정됐다. 꽃 특유의 형태와 색감을 살리려면 주변의 꽃들도 각별히 신경 써야 했다. 물론 이러한 큰 그림을 차치하더라도 초보자인 내 손을 벌벌 떨게 만드는 건 따로 있었다. 바로 압도적으로 굵은 줄기.

꽃꽂이는 물을 흡수시킨 플로럴폼에 꽃을 꽂아 만들어간다. 문제는 플로럴폼에는 탄성이 없어서 꽃을 한 번 꽂으면 뽑고 다시 꽂을 수 없다. 그 자리에 생긴 구멍이 메워지기 않기 때문이다. 그렇다고 해서 그 구멍에 꽃을 다시 꽂으면 구멍이 더 커져 플로럴폼이 꽃을 지탱하지 못하고 무너져 내릴 수 있다. 한마디로 낙장불입이다. 이러니 줄기 두께가 다른 꽃들의 10배 이상 달하는 맨드라미가 부담스러울 수밖에.

작업 방식도 까다로운 데다 존재감까지 큰 맨드라미는 소심한 초보자인 나를 긴장하게 만들었다. 실수하지 않으려 몇 번이고 완성된 이미지를 상상했지만 늘 그렇듯 현실은 이상으로부터 점점 멀어져 갔다. 머릿속 이미지에 집착하다 보면 망칠 것 같아 마음을 편하게 먹고 약간의 융통성을 발휘해 작업 방향을 조금씩 틀었다. 그래서일까? 우려했던 맨드라미는 알맞은 곳에 잘 꽂았다.(물론 그 과정엔 선생님의 도움도 있었다) 플로럴폼 위에서 봤을 때 1~2시 방향에 배치해 포인트를 주었다. 다른 꽃들보다 키를 크게 하여 꼬불꼬불한 닭 볏 모양도 잘 보이게끔 연출했고. 작업하는 내내 마음고생을 했는데 보답을 받은 것 같았다.

닭벼슬맨드라미와의 인상적인 첫 만남 이후 주먹맨드라미, 촛불맨드라미로 핸드 타이드 부케를 만들며 또 다른 맨드라미의 매력에 흠뻑 빠졌다. 주먹맨드라미는 이름대로 주먹처럼 동그랗게 생겼지만 나는 그 모양을 보고 주름진 뇌가 떠올랐다. 그런데 어라? 사람들 생각하는 게 다 비슷한가 보다. 외국에서는 주먹맨드라미를 '브레인 맨드라미(Brain flower)'라고도 부른다니 말이다. 촛불맨드라미는 위쪽은 뾰족하고 아래로 갈수록 펑퍼짐한 형태가 촛불을 닮았다. 참고로 촛불맨드라미는 개맨드라미의 원예종이며 관상용으로 인기가 좋다.

이 둘 말고도 기억에 남는 맨드라미가 있다. 바로 줄맨드라미다. 이름에서 알 수 있듯이 맨드라미가 줄처럼 길쭉하다. 흥미로운 건 이름에 맨드라미가 들어가지만 줄맨드라미는 앞서 만났던 다른 맨드라미처럼 맨드라미속이 아닌 비름속이다. 핸드 타이드 부케를 만들 때 처음 만났는데 여러모로 독특했다. 꽃이라면 얼굴이 꼿꼿하게 위를 향해 있는 게 일반적인데 힘없이 축 늘어졌기 때문이다. 이 낯선 형태를 부케에 어떻게 활용해야 할까 막막했지만 선생님의 시연으로 해답을 찾을 수 있었다. 꽃의 본래 모습을 십분 활용하는 프렌치 스타일의 기본 콘셉트를 충실히 따르기만 하면 됐다. 줄맨드라미의 축 늘어진 형태가 잘 보이게끔 부케의 가장자리에 배치했다. 플라워 클래스를 듣고 꽃과 식물에 관심이 많은데도 불구하고 '꽃이라면 이렇게 생겨야지', '부케는 꽃이 반듯하게 모여 있어야지'와 같은 고정관념에 아직도 사로잡혀 있는 나를 발견하고 그걸 깨부수고 나왔다. 덕분에 부케 만드는 요령은 물론 편견 없이 다양한 관점으로 생각하는 법도 익혔다.

맨드라미의 꽃말은 타오르는 사랑이다. 이와 관련해 로마 시대의 한 장군에 관한 이야기가 있다. 그는 간신들의 모함으로 대역죄 누명을 쓰고 죽었는데 그 자리에 붉은 맨드라미가 피었다고 한다. 장군에게 타오르는 사랑은 왕에 대한 충성심이었나 보다. 또한 우리 선조들은 닭과 맨드라미가 함께 있는 그림을 두고 관상가관(冠上加冠) 즉, 벼슬 위에 벼슬을 더한다는 뜻으로 출세의 최고봉으로 해석했다. 맨드라미 특유의 강렬한 색감은 예술적 고통, 성찰, 욕망 등의 감정을 대변하기도 한다. 고려시대 시인 이규보는 거친 비바람을 이겨내고 꿋꿋이 꽃을 피운 맨드라미의 강건한 자태를 칭송하기도 했다.

그뿐만 아니라 맨드라미는 식용 및 약용으로도 활용되었다. 주먹맨드라미 잎은 시금치 같은 향이 나서 중서부 아프리카에서는 채소처럼 조리해 먹었다. 선조들은 꽃과 찹쌀을 섞어 반죽하여 화전으로 부쳤고 꽃과 잎을 말려서 안과나 산부인과 질환을 다스리기도 했다. 오늘날에는 차로 만들어 눈으로는 꽃의 아름다운 색을, 코와 입으로는 향을 즐기기도 한다. 화려한 모습으로 사람들에게 즐거움과 건강을 선사하며 삶의 지혜를 일깨워주고, 예술가에게는 작품 활동의 강렬한 동기가 된 맨드라미. 이 식물 덕분에 오늘날 우리가 더욱 풍요로운 일상을 누릴 수 있게 된 것 같다.

맨드라미	비름과 맨드라미속 / *Celosia argentea* L. var. *cristata* (L.) Kuntze
	강렬한 색감과 꼬불꼬불한 형태가 시선을 사로잡는 꽃으로 관상용, 식용, 약용으로 쓰인다.

달빛을 담는 꽃

금잔화

매거진에서 뷰티 칼럼을 담당했을 때 자연 유래 성분으로 만든 제품을 자주 접했다. 이런 제품들은 주성분을 식물에서 얻은 경우가 많았다. 보도 자료를 읽는데 '이건 여기에도 들어가네?' 하는 식물이 더러 있었다. 그중 출석률이 높았던 건 카렌듈라. 토너와 로션 같은 기초 제품부터 각종 색조 제품까지 다양한 제품에서 두루두루 등장했다. 아마 카렌듈라 성분이 콜라겐의 재생 및 증식을 도와 피부 탄력과 피부 결을 개선하는 등 여러모로 효과가 있어 그런 것 같다. 이땐 식물에 크게 관심이 없어서 '카렌듈라가 화장품에 많이 쓰이는구나'라며 대수롭지 않게 여기고 자세히 알아보지 않았다.

어느 날 화보 촬영에 쓸 노란색 꽃이 필요했다. 꽃 시장에 가기 전, 최소한 꽃 이름 정도는 알아두자는 생각에 검색창에 '노란색 꽃', '노랑 꽃' 등을 검색했다. 혹시나 해서 사진도 저장했고 그 덕분에 어렵지 않게 금잔화 한 단을 구입했다. 국화과인 금잔화는 노란 빛깔의 꽃잎이 길쭉길쭉 나 있었는데 그 끝에서 강렬한 생명력이 느껴졌다. 이 생기발랄한 기운은 마감에 찌든 내 몸과 마음에 활력을 충전해 주었다. 예상치 못하게 금잔화 덕을 좀 보고 기분이 좋아 집에 가는 길에 금잔화를 검색했다. 금잔화뿐만 아니라 카렌듈라와 메리골드가 연관 검색어로 떴다. 금잔화를 검색했을 뿐인데 왜 이렇게 많은 꽃이 나왔을까?

이유는 당연했다. 카렌듈라가 나온 건 그게 금잔화의 영어 이름이기 때문이다. 영어 이름인 카렌듈라는 꽃이 피어 있는 시기가 한 달인 점에 착안한 것으로 로마인에게 한 달을 뜻하는 단어인 'Calendae'의 변형이다. 한글 이름인 금잔화는 금빛 술잔을 닮은 꽃을 뜻한다. 외국에서 부르는 이름을 그대로 번역해 쓰지 않고 우리 정서에 맞게 지은 셈이다. 문화적 배경과 꽃의 개성 모두 살린 한글 이름이 마음에 들면서도 자칫하면 이 둘을 각기 다른 꽃으로 알고 지낼 뻔한 사실에 가슴이 철렁하다.

화장품의 단골 소재로만 알았던 금잔화는 더 많은 분야에서 활약했다. 제1차 세계대전 당시 병사들의 부상 부위를 치료하는 용도로 쓰이기도 했고 꽃잎은 샐러드나 수프, 칵테일 등에 넣어 먹었다. 식용 색소로도 쓰여 외국에서는 금잔화를 두고 '가난한 자의 샤프란'으로도 부른단다. 샤프란(사프란)은 붓꽃과의 꽃으로 8세기경부

터 요리에 노란색을 내는 천연 색소로 쓰였다. 아름다운 빛깔, 독특한 향, 은은한 단맛이 요리의 완성도를 올려 널리 쓰이자 꽃의 암술대를 지칭하기 시작했다. 오늘날엔 전문가는 물론 요리에 관심이 조금이라도 있다면 한 번은 들어봤을 정도로 대중화되었다. 샤프란을 넣은 대표적인 음식으로는 스페인의 파에야가 있다. 하지만 샤프란 1그램을 얻으려면 500개에 달하는 암술을 사람이 일일이 말려야 한다. '세계에서 가장 비싼 향신료'라는 별명이 붙은 결정적인 배경이다. 금잔화를 두고 가난한 자의 샤프란이라고 부르는 이유도 이해된다.

금잔화의 또 다른 연관 검색어인 메리골드 역시 국화과다. 가느다란 노란 꽃잎이 금잔화와 아주 많이 닮았지만 자세히 보면 다르다. 금잔화의 키는 대체로 30~60센티미터이며 60센티미터를 넘는 경우는 극히 드문 반면, 메리골드는 15센티미터~1.2미터로 그 범위가 넓다. 금잔화의 잎이 길쭉한 타원에 가깝다면, 메리골드는 길쭉한 직사각형에 가깝다. 꽃을 옆에서 봤을 때 술잔처럼 살짝 오목하게 파였다면 금잔화일 확률이 높다.

또한 메리골드는 멕시코 사람들에게는 국화나 다름없는 아주 특별한 꽃이다. 멕시코 사람들은 매년 10월 31일부터 11월 2일 사이, '죽은 자들의 날'을 기념한다. 이날은 세상을 떠난 자들이 살아 있는 자들의 땅으로 건너와 후손을 방문한다는 믿음에서 비롯됐으며 각종 의식이 행해진다. 이때 죽은 자들이 반드시 거쳐야 하는 관문이 있다. 바로 메리골드 꽃길이다. 영화 〈코코〉에서 주인공 미구엘과 죽은 자들이 건넌 다리다. 죽은 자들의 날에 제단을 장식한 꽃도, 미구엘이 소원을 빌기 위해 찾던 꽃잎도 바로 이 메리골드다.

같은 과에 속한다는 점을 빼면 금잔화와 메리골드는 엄연히 다른 꽃이다. 그럼에도 불구하고 병기 또는 혼용해서 쓰는 경우가 많다. 이유가 궁금했지만 정확한 이유는 찾지 못했다. 하지만 꽃에 관심이 많은 사람에 따르면 둘의 약리적인 효능이 비슷해서 차로 만들 때 서로 대체하기도 하는데, 이게 그 시작이 된 것 같단다. (이 경우 식용이 가능한 메리골드 종류에만 해당한다)

모양새가 닮거나 특징이 비슷할수록 관심을 가져야 그 진가를 알 수 있다. 오늘 내 머릿속 '비슷한 식물들' 폴더에 금잔화와 메리골드가 추가됐다. 이렇게 앞으로 식물을 하나둘씩 차곡차곡 저장해 나간다면 집 근처 화단이나 영화, 드라마에서 식물을 볼 때마다 더 세심하게 신경 쓰고 그 뒤에 숨겨진 역사나 문화적 배경까지도 헤아릴 수 있겠지!

금잔화	국화과 금잔화속 / *Calendula arvensis* (Vaill.) L.
	전체적으로 오목한 형태를 띠어 술잔을 닮았으며 길쭉한 타원의 노란 꽃잎이 촘촘히 나 있다.

구근이 건네는 용기
튤립

3년 전 겨울 서울식물원에서 구근을 처음 봤다. 향수 만들기 원데이 클래스를 들으러 갔다가 너무 일찍 도착해 카페에서 시간을 보내던 중 한쪽에 마련된 구근 판매대에서 우연히 발견한 것. 튤립, 히아신스 등 다양한 구근식물이 바구니에 가지런히 담겨 있었고 옆에는 구근식물 소개 글도 있었다. 겨울철 추위를 이겨내고 봄에 꽃을 피운다는 건 알고 있었지만 실물을 보니 신기했다. 살아 있는 건지, 아닌지 알 수 없는 겉모습이 호기심을 자극했다. 양파처럼 생긴 구근 안에서 화려한 꽃을 피우기 위한 준비가 이루어지고 있다는 점도 경이로웠다.

'하나 사볼까?' 순간 마음이 동했지만 이내 포기했다. 아직까지 꽃을 피우는 식물을 키워본 적이 없었고 충동적으로 구매했다가 실패하고 후회할 것 같아서였다. 경험치가 풍부한 보호자를 만나면 꽃을 피울 수도 있는데 부족한 나를 만나 세상의 빛도 못 보면 어쩌나. 단념은 했지만 클래스를 듣는 내내 머릿속에서 구근 생각이 떠나질 않았다. 서울식물원을 나서기 전, 다시 한번 구근 앞을 서성였다. 흠… 역시 아직은 때가 아닌 것 같았다.

내 마음을 사로잡았던 구근식물 중 하나인 튤립의 원산지를 네덜란드로 알고 있었는데 사실 튀르키예라고 한다. 원래 이름은 '랄레'다. 그 생김새가 터번과 닮아 터번을 뜻하는 튀르키예어 '투르반'에서 시작해 '튈벤드'로 바뀌어 불리다가 오늘날 우리에게 익숙한 튤립으로 정착했다. 1593년 레이덴 대학의 식물학 교수 샤를 드 레클뤼스는 튤립을 네덜란드에 도입했다. 이듬해 그는 꽃을 피웠으며 이후에도 계속 번식시켰다. 동시에 그는 순수한 마음으로 식물학을 좋아하는 사람들에게 구근을 나눠줬지만 튤립을 상업적으로 이용하려는 이들에게는 판매하지 않았다. 튤립이 돈벌이 수단이 되면 튤립에 대한 애정이 훼손될 것을 우려했던 걸까?

하지만 그의 원칙은 머지않아 깨지고 말았다. 돈에 눈이 먼 누군가가 레클뤼스의 구근을 몰래 훔친 것. 이 비도덕적인 행동은 비난받아 마땅하지만 아이러니하게도 튤립을 대규모로 재배하고 네덜란드 화훼 산업의 기반을 다지는 데 기여했다. 그뿐만 아니라 튤립을 좋아하는 사람들이 네덜란드를 넘어 전 세계적으로 많아져 우리 주변에서도 쉽게 튤립을 만날 수 있게 됐다.

어쨌든 해피 엔딩이지만 튤립을 훔친 이유가 궁금하다. 튤립이 뭐길래 몰래 훔치기까지 했을까? 당시 네덜란드는 동인도 회사를 중심으로 해양 무역을 활발하게 펼쳐 부를 축적했다. 엄청난 호황에 힘입어 네덜란드 사람들은 자본이 남아돌았고 투기에 눈을 돌렸다. 맞다, 하필 그 대상이 튤립이었다. 정확히는 튤립이 피기 전 상태인 구근. 네덜란드 기후의 특성상 봄에 꽃 피는 풍경을 쉽게 볼 수 없는 점도 사람들이 튤립을 구입하는 데 돈을 아낌없이 쓰게 만들었다. 튤립이 투기의 대상이 되니 튤립에 관심이 없는 사람까지도 일확천금을 노리고 사재기했다. 상황이 이렇다 보니 튤립의 수보다 튤립을 구하려는 사람의 수가 압도적으로 많아졌다. 튤립 가격이 치솟았다.

사람들은 여기서 그치지 않고 더 많은 돈을 벌기 위해 튤립을 품종 개량했다. 희귀하거나 아름다운 튤립에는 웃돈을 붙여 팔 수 있기 때문이다. 특히 꽃잎에 줄무늬가 새겨진 브로큰이라는 품종은 희소가치가 높아 인기가 좋았다. (나중에 밝혀졌지만 브로큰 특유의 무늬는 바이러스로 인한 것이었다) 투기꾼들은 구근을 많이 갖고 있을수록 희소가치가 높은 구근을 가질 확률도 올라간다고 판단해 구근을 닥치는 대로 사들였다. 저마다의 이유로 구근 사재기에 뛰어든 탓에 그 가

격이 국민 평균 연봉의 10배를 기록했다고. 당시 구근을 양파로 착각해 요리해 먹은 사람이 소송을 당했다는 일화가 이러한 투기 광풍을 짐작하게 한다. 하지만 이토록 기이하고 치열했던 튤립의 인기는 단숨에 수그러들었다. 17세기 흑사병이 유행하면서 튤립 경매장에 사람이 거의 나타나지 않았기 때문이다. 인류를 위협한 질병이 계기가 돼 마음은 편치 않지만 끝을 모르고 내달릴 줄 알았던 튤립을 향한 광기는 식었다.

오늘날 경제 분야에서 부정적인 상황을 예로 들 때 '튤립버블'이라는 말을 쓴다. 그런데 튤립 입장에선 억울하지 않을까? 튤립 스스로 몸값을 올린 게 아니라 사람들의 탐욕이 그렇게 만든 건데 마치 사건의 주동자처럼 묘사되니 말이다.

다음 해 겨울을 목표로 구근식물을 공부하며 자신감을 키웠는데 너무 바빴다. 정신 차리니 구근식물에 꽃이 필 시기를 지나버렸다. 더 준비하라는 뜻인가? 또 다음 겨울로 미뤄진 김에 튤립 말고 히아신스, 무스카리 등 다른 구근식물도 공부했다. 구근과의 첫 만남 이후, 두 번째 겨울의 문턱에서 히아신스 구근을 구입했다. 원래 튤립이 1순위였지만 속도전에서 밀려 그다음 순위였던 히아신스를 택한 거다. 1년의 시간이 주어졌을 때 구근식물을 다양하게 알아보지 않았다면 또 한 번 다음을 기약했을 상황이었다. 미리 준비하기를 잘했다. 공부한 대로 구근의 3분의 1이 흙 바깥으로 나오게 심은 다음, 바람이 잘 통하고 온도가 높지 않은 베란다 창 앞에 두었다. 초록색 싹이 올라왔고 며칠 후, 분홍색 꽃이 얼굴을 수줍게 내밀었다. 지금껏 맡아보지 못한 자연의 우아한 향을 머금은 채! 근처에만 가도 향이 진동해 입가에 미소가 절로 지어졌다. 우와, 내가 꽃을 피우게 하다니! '난 안 될 거야'라며 포기했던 지난 시간을 보상받은 기분이었다. 시도하기 전엔 불안하고 걱정했는데 막상 해보니 불필요한 감정 소모였다.

히아신스 꽃을 피운 경험을 바탕으로 다음에는 부지런히 움직여서 튤립도 구입해야겠다. 생각이 많아서 새로운 걸 도전하는 데 많이 망설이는 편이다. 그래서 후회한 적이 많아 고치고 싶었는데 히아신스 덕분에 가능성을 볼 수 있었다.`그리고 행동하는 용기를 배웠다.

튤립	백합과 산자고속 / *Tulipa sylvestris* L.
	구근을 가을에 심으면 봄에 선명하고 화려한 꽃을 피운다.

꾸준히 성장하는 힘
민들레

샛노란 꽃잎이 하나둘씩 희끗희끗 흰머리가 되고 어느새 수북한 솜뭉치가 되어 씨앗을 퍼뜨릴 준비를 하는 꽃. 아침저녁엔 선선하다가 낮이면 더위가 살짝살짝 얼굴을 내비치는 봄의 길목에서 만나는 민들레다. 그 변화를 보면 '이 작은 생명체도 생존을 위해 부지런히 준비하는구나'라며 기특하면서도 '시간이 벌써 이렇게 흘렀네' 하며 정신을 차리게 된다. 바람을 타고 씨앗이 날아간 탓에 민들레 씨앗 일부가 비어 있는 모습은 꼭 누가 한 입 베어 먹은 호빵 같아 재미있으면서도 이유 없는 아쉬움을 남긴다. 어렸을 땐 민들레 씨앗을 후후 불고 싶을 뿐이었는데 지금은 더 많은 걸 떠올리고 느낀다. 꽃은 그대로인데 상황이 바뀌니 생각과 감정도 달라지나 보다. 덕분에 전에는 몰랐던 매력을 발견하게 된다.

솜털 같은 구조가 특히 그렇다. 대로변이나 운동장 등 우리가 흔히 보는 민들레는 서양민들레며 바람으로 씨앗을 퍼뜨리는 풍매화다. (참고로 토종민들레는 충매화다) 씨앗을 멀리 퍼뜨리려면 최

대한 오래 비행해야 하는데 낙하산처럼 공기 저항이 큰 천막이나, 헬리콥터처럼 길쭉한 전동 프로펠러도 없는 구조로 어떻게 가능할까? 꽃잎이 달려 있긴 하지만 단풍나무 씨앗의 날개처럼 비행에 큰 도움을 줄 만큼 면적도 넓지 않다. 특별한 구조가 눈에 띄지 않는다. 그런데 이러한 생각은 나만 한 게 아니었나 보다. 그 비밀을 알아내겠다며 자료를 찾던 중 최근 발표된 에든버러 대학 연구진의 연구 결과를 발견했다.

민들레는 씨방, 꽃잎, 암술, 수술 말고도 '갓털'이라는 구조를 갖는다. 90~110개 가닥으로 이루어진 털 뭉치라고 이해하면 쉽다. 씨방과 꽃잎 사이에 위치하며 비행에 핵심적인 역할을 한다. 공기가 갓털 사이를 통과할 때 털의 위쪽과 아래쪽 공간 사이에 압력 차이가 생기고 그로 인해 위쪽에 고리 모양의 작은 공기 소용돌이가 생성된다. 맞다, 이 소용돌이 덕분에 공기가 안정적으로 유지되고 저항이 생겨서 씨앗이 떠 있는 시간이 늘어난다. 갓털이 낙하산 역할을 하는 셈이다. 공기 저항을 늘리는 건 천막처럼 육안으로 형태를 확인할 수 있는 구조만 가능한 줄 알았는데 공기 흐름으로도 가능하다니!

그렇다면 눈에 보이지 않는 공기의 움직임을 어떻게 알아냈을까? 연구진은 특수 제작한 관측 장치에 미세입자를 뿌렸고 레이저로 이 입자를 비추어 흐름을 관찰했다. 동시에 이 모든 것을 고속 촬영 카메라로 포착해 면밀히 분석했다. 아주 미세한 털과 털 사이, 맨눈으로 관찰하기 힘든 부분까지 밝혀내는 연구진의 노력과 과학의 힘이 놀라울 따름이다.

실험은 여기서 끝이 아니다. 연구진은 일부 날벌레의 날개에서도 이와 비슷한 구조를 발견했다. 그들은 삽주벌레를 예로 들었다. 이 벌레의 날개는 천막 형태가 아닌 간격이 있는 갓털로 이루어져 있으며 비행할 때는 민들레처럼 여기에 안정적인 공기 소용돌이가 형성된다. 연구진은 오랜 시간 진화하여 생태계에 최적화된 구조는 과학 연구에 깊은 통찰을 줄 수 있다고 덧붙였다. 드론이나 소형 비행체에 전력 소모를 감소시키는 기술에 적용할 수도 있다. 바람을 타고 곳곳에 퍼져나가는 민들레 씨앗처럼 이미 일상 구석구석에 자연의 원리를 적용한 시설이 포진되었을 수도 있겠다. 연구진의 노력이 대단하다며 다음 페이지로 넘어가려는 순간, 자연의 위대함에 한 번 그리고 우리의 삶과 밀접하다는 사실에 또 한 번 놀랐다.

각각의 식물은 기나긴 시간, 동물들의 공격과 모진 환경을 피하지 않고 꿋꿋이 이겨내며 여러 세대에 걸쳐 생존에 최적화된 방법을 강구해 왔다. 석학들이 머리를 맞대고 궁리해야 그 원리가 밝혀질 만큼 정교하며 과학적이다. 심지어 아직까지 베일에 싸인 원리가 더 많을 수 있다. 아마 지금이 완성형이라고 여겨지는 모습도 알고 보면 진화의 최종 목적지로 향하는 과정일 수 있다.

움직이지 않고 한자리를 지키고 있다는 이유로 식물을 무능하다고 여기는 경우가 종종 있다. 제대로 일하지 않는 국회의원을 두고 '식물 국회'라고 부르는 것도 그렇다. 하지만 정말 무능한 건 건강한 신체와 지성을 갖췄는데도 내면은 성장하지 않고 제자리에 머무는 상태가 아닐까?

민들레 (서양민들레)	국화과 민들레속 / *Taraxacum officinale* F.H.Wigg.
	노란색 작은 통꽃이 모여서 나며 꽃이 지면 솜털처럼 생긴 갓털이 씨앗을 퍼뜨린다.

환경에 이로운 실천

목화

식물 덕분에 우리의 삶은 놀라울 만큼 윤택해졌다. 특히 주목할 만한 건 의복으로, 그 중심에는 목화가 있었다. 물론 목화가 등장하기 전에도 옷은 있었다. 그때 사람들은 삼과인 대마를 주로 썼다. 볏짚이나 참억새를 엮어 비옷을 만들기도 했고 경제적으로 여유가 있는 사람들은 비단옷도 입었다. 동물의 가죽과 털로도 옷을 만들었다. 하지만 각각의 소재에는 단점이 있었다. 마는 겨울철에 보온 효과를 기대하기가 어려웠고 비단은 너무 비쌌다. 동물의 가죽과 털에서 얻은 소재는 무거웠으며 용도에 알맞게 가공하는 게 어려웠다.

그렇다면 목화는 어떨까? 일반적으로 식물에서 섬유를 얻으려면 줄기를 곧게 세우기 위해 단단해진 부분을 활용하지만 목화는 씨앗을 감싸는 부위를 쓴다. 이 부위는 솜털처럼 부드럽고 폭신해 씨앗을 외부로부터 안전하게 보호한다. 그뿐만 아니라 씨앗이 멀리 퍼질 수 있도록 해주며 물에 쉽게 젖지 않게 한다. 씨앗을 위해 발달된 구조 덕분에 우리가 내구성 좋고 따뜻한 옷을 만들어 입게 된 셈이다.

목화의 원산지는 인도로 알려져 있고 페루, 이집트에서 그보다 먼저 목화를 재배했다는 기록이 있다. 인더스 문명 후 목화 섬유 산업은 인도의 주요 산업으로 자리매김했다. 당시 중세 유럽인은 면직물을 발견하고 품질에 깜짝 놀랐다. 심지어 목화를 직접 보기 전에는 과실수처럼 나무에 양이 주렁주렁 열리고 거기에서 면을 얻는 줄 알았단다. 주로 양털을 활용하는 그들에게 동물이 아닌 식물에서 섬유를 얻는 게 꽤 인상적이었나 보다. 한국에는 고려시대 말, 문익점이 원나라에서 목화씨를 가져왔다고 전해진다. 그는 장인과 목화 재배에 뛰어들어 3년 만에 크게 성공했다. 덕분에 많은 사람이 면직물 옷을 입게 돼 기본적인 의생활은 물론 의복 문화까지 눈에 띄게 발전했다. 세탁도 용이해 위생도 개선되었다. 옷의 소재만 바뀌었을 뿐인데 전체적인 삶의 질까지 향상됐다.

면은 유럽, 아메리카 등지에서도 변화의 바람을 일으켰다. 17세기 무렵 영국은 인도산 면직물 수입을 금지하는 조치를 취했다. 면직물 소비가 늘자 자국의 모직물 산업이 타격을 입었기 때문이다. 하지만 이미 사람들에게 면직물이 필수품으로 자리 잡은 뒤였다.

면직물에 대한 수요가 끊이지 않자 정부는 결국 면직물의 원료인 목화만 수입하기로 했다. 자국의 경제 성장을 위해 면직물 생산만큼은 직접 하겠다는 의도였다. 하지만 생산 속도가 수요를 감당하기엔 역부족이었다. 아무리 많이 만들어도 따라잡지 못했다. 이 같은 상황이 계속되자 직조 효율을 높이는 방적기가 등장했다. 하지만 이마저도 금세 한계에 도달했다. 면직물 생산 공장 규모는 훨씬 커졌고 작업은 갈수록 세분화되었다.

18세기 역사적으로 의미 있는 사건이 발생한다. 증기기관의 출현 즉, 산업혁명이다. 이를 계기로 면직물을 대량 생산할 수 있게 됐다. 그러자 이번에는 면직물의 원료인 목화가 대량으로 필요했다. 유럽의 한랭한 기후를 피해 미국의 드넓은 땅에 새로운 목화 경작지를 조성했다. 생산량이 늘어 이제 좀 안정되나 싶었는데 또 다른 문제에 직면했다. 목화솜 분리에 필요한 일손이 부족해진 것이다. 솜을 씨앗에서 분리하는 작업은 사람의 손을 거쳐야만 했다. 결국 영국은 노동력 확보를 위해 아프리카인을 노예로 동원했다. 얼마 뒤에는 위트니라는 미국인이 씨앗과 솜을 분리하는 조면기를 발명해 작업 효율이 올라갔다. 경작지는 확장됐고 더 많은 아프리카인들이 미국으로 끌려가 혹독한 노예 생활을 했다. 이렇게 남부는 목화 산업에 열을 올렸지만 북부는 노예제도에 회의적이었다.

이 두 지역 간 갈등의 골은 깊어졌고 결국 남북전쟁이 발발했다. 1863년 에이브러햄 링컨이 노예 해방을 선언했다. 우리가 인간답게 살 수 있도록 해준 면직물 그리고 목화의 이면에 수많은 사람이 인간다운 삶을 포기해야만 했다는 사실에 고개가 숙여진다.

애석하게도 이런 씁쓸한 역사는 현재진행형이다. 미국 남부에서 목화 재배가 어려워지자 면직물을 수입하던 각국은 자국에서 목화 재배를 시도했다. 문제는 여기에서 비롯됐다. 러시아는 목화밭에 물을 공급하기 위해 세계 4위 규모의 아랄해에 관개시설을 정비했다. 마르지 않는 샘처럼 펑펑 써도 줄어들 것 같지 않던 아랄해였지만 인간의 탐욕에 물은 어느 순간부터 눈에 띄게 줄었다. 결국 20세기 초 아랄해는 두 개로 분할됐고 환경 오염과 기후 변화까지 가세해 약 10퍼센트밖에 남지 않았다. 아랄해를 삶의 터전으로 삼던 생명체도 멸종돼 생물 다양성도 위협받는 상황. 전문가들은 아랄해가 지도상에서 사라지는 건 시간문제라며 무분별한 개발을 경고했다.

최근 제로 웨이스트가 대두되면서 면 소재 에코백이 각광받고 있다. 하지만 이 에코백도 환경 파괴에 일조한다는 사실, 알고 있는지. 전문가들에 따르면 목화 1킬로그램을 얻는 데 물 2만 리터가 필요하다. 재배 과정에선 석유에서 추출된 다량의 비료와 농약이 쓰이는데 이는 지력을 약하게 만들고 토양을 오염시킨다. 목화를 가공하거나 원단의 주름을 펴고 각종 냄새를 제거하는 데에도 여러 화학 물질이 쓰인다. 게다가 이러한 가공 과정의 대부분이 안전에 대한 인식이 미비한 국가에서 이루어지고 있어 인권 문제도 산재한다. 합성섬유에 비해 자연 분해가 빠르다는 이유로 친환경적이라고 여긴 에코백의 충격적인 반전이다.

심지어 나는 에코백 (재사용이 아닌) 구입이 곧 환경 보호라고 여겼다. 에코백을 수집하듯 종류별로 사고 이미 많은데도 넙죽넙죽 받아왔다. 잘못돼도 단단히 잘못된 행동이었다. 면직물은 자연 분해는 되지만 재활용률이 낮다고 한다. 지금부터라도 갖고 있는 에코백을 충분히 사용하고 쓸데없이 모으는 습관도 고쳐야겠다.

가격과 브랜드보다는 자신의 신념과 철학에 기반해 소비하는 행위를 '가치 소비(또는 미닝 아웃, Meaning out)'라고 한다. '신념', '철학'이라는 단어가 다소 거창해 보여 거리감이 느껴지지만 실은 그렇지 않다. 자신의 가치관을 바탕으로 구입하려는 제품의 제조 과정을 살펴보고 소비가 환경, 사회에 미칠 영향을 헤아리면 된다. 그러면 지출 여부가 결정된다. 대표적으로는 생분해성 패키지에 담긴 화장품 구입하기, 푸드 마일리지가 적은 지역 농작물 먹기 등이 있겠다. 소비 말고도 일상에서 실천할 수 있는 건 많다. 배달 음식 주문할 때 일회용 수저 거절하기, 플라스틱 빨대 사용 줄이기 등이다.

나처럼 알고 있는 깊이가 얕아서 실수를 저지를 수 있다. 하지만 조금만 더 관심을 갖고 잘못된 부분을 고쳐나가면 보이지 않는 부분까지 헤아릴 수 있을 테고 그렇게 되면 우리 주변, 더 나아가 지구를 살리는 일상이 익숙해질 거라 기대한다.

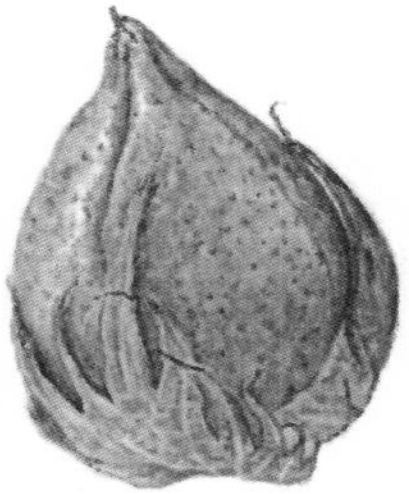

목화	아욱과 목화속 / *Gossypium hirsutum* Lam.
	씨앗을 감싸는 보송보송한 섬유가 특징으로 이 부분으로 면직물을 생산한다.

현미

희망을 전하는 꽃
해바라기

여느 꽃과 비교할 수 없을 정도로 키가 큰 해바라기. 태양만 바라보는 큼직한 얼굴로 어디에서든 존재감을 드러내는 덕분에 '이제 정말 가을이 오는구나'라며 계절의 변화를 실감한다. 어느 날 횡단보도에서 신호를 기다리는데 위에서 누군가 나를 내려다보는 느낌이 들었다. 고개를 들어보니 공사장 울타리 밖으로 얼굴을 빼꼼 내놓은 해바라기였다. 화들짝 놀란 것도 잠시, 손 뻗으면 닿을 아주 가까운 거리에서 해바라기를 보니 뭔가 색다르다.

해바라기를 두고 살아 있는 부케라고 한 누군가의 말이 문득 떠올랐다. 해바라기는 두 가지 꽃으로 이루어져 있다. 갈색의 동그란 얼굴에 빼곡하게 모여 있는 대롱처럼 생긴 꽃(관상화)과 그 둘레에 촘촘하게 나 있는 혀를 닮은 노란 꽃(설상화). 지금껏 하나의 동그란 얼굴과 노란 꽃잎들이 합쳐진 게 한 송이인 줄 알았는데 각 부분을 구성하는 이 작은 아이들이 각각의 꽃이었다니! 대롱처럼 생긴 꽃(관상화)에는 암술과 수술이 있으며 우리가 먹는 해바라기씨도 여기에서 얻는다. 혀를 닮은 노란 꽃(설상화)에는 꽃잎만 있다. 여러 꽃들이 한 데 모여 있으니 '살아 있는 부케'가 맞는 말이긴 하다.

실생활에서 해바라기는 압착하여 기름만 쓰는 줄 알았는데 생각지 못한 용도를 알게 됐다. 줄기와 잎, 기름 찌꺼기는 가축의 사료로 쓰이고 섬유질이 풍부한 부분은 분쇄 과정을 거쳐 종이로 재탄생시킨단다. 그뿐만 아니라 어느 발명가는 비중이 작은 줄기심을 이용해 구명대와 구명조끼를 만들었다. 1912년 대서양 한가운데서 침몰한 타이타닉에도 이 구명대와 구명조끼가 있었고 덕분에 생존자가 나올 수 있었다고 전해진다.

생명을 구조한 해바라기는 이후 또 다른 곳에서 희망을 전파하고 있다. 바로 1986년에 일어난 체르노빌 원자력발전소 사고 장소다. 이 지역은 방사성 물질의 오염이 심각해 어떠한 생명체도 정상적으로 살아갈 수 없게 됐다. 당시 원전 인근 연못에 누출된 스트론튬 90, 세슘 137은 반감기가 길며 인체에 치명적인 질병을 일으킨다. 여기에 과학자들은 배처럼 생긴 구조물에 해바라기 다발을 띄웠다. 며칠 뒤 해바라기 다발을 거두어들여 방사성 물질을 확인했다. 결과는 놀라웠다. 연못보다 해바라기의 뿌리에서 훨씬 더 높은 방사성 물질이 측정된 것. 해바라기가 오염 물질을 흡수했다는 뜻이다. 과학자들은 해바라기 뿌리의 표면적이 넓기 때문에 오염 물질을 더 효율적으로 빨아들였다고 분석했다.

이러한 해바라기의 능력은 미국의 공업지대인 디트로이트에서도 나타났다. 연구 결과에 따르면 이곳 해바라기가 납으로 오염된 토양을 43퍼센트가량 정화했다. 해바라기가 황폐한 토양에서 재생의 가능성을 보여준 사례다.

여기, 해바라기 덕분에 생명력을 얻은 사람도 있다. 해바라기를 이야기할 때 빼놓을 수 없는 예술가 고흐다. 고흐가 해바라기를 그리기 시작한 건 1888년 자신의 집에 머무를 예정이었던 고갱을 위해 집 단장을 하면서부터다. 그는 고갱이 사용할 방을 자신이 직접 그린 해바라기 그림으로 꾸미려고 했다. 고로 작업할 그림의 양도 많았다. 하지만 해바라기는 빨리 시들었다. 해바라기의 생동감 넘치는 모습을 표현하려면 재빨리 작업해야만 했다. 이러한 제약이 그를 작업에 더 몰두하게 만들고 풍부한 예술적 감성을 표출하는 데 도움이 됐는지 오렌지색, 노란색, 암갈색의 해바라기 그림이 빠르게 완성되어 갔다. 제각기 개성을 뽐내기라도 하듯 저마다 다른 쪽을 향하고 있는 꽃의 얼굴, 특유의 감각이 살아 있는 꽃잎의 실루엣 그리고 이 모두를 어루만지는 온화한 색감의 조화까지. 그림 속에 등장한 모든 해바라기들이 눈과 마음을 사로잡는다.

전문가들에 따르면 고흐는 한 작품에 약 38개에 달하는 각기 다른 노랑 색감을 사용했다고 한다. 이렇게 노랑 꽃잎이 큰 비중을 차지하는 해바라기로 예술 세계를 펼치니 노랑 물감이 빠르게 바닥나는 건 당연지사. 고흐가 해바라기를 그릴 때 즐겨 사용한 노란색의 정확한 이름은 '크롬 옐로'다. '홍연석'이라는 광물에서 추출되었으며 고흐를 비롯한 인상주의 화가들이 굉장히 아끼던 색이었다. 당시에는 발견된 지 얼마 안 된 나름 신상 컬러로도 통했다. 그런데 너무 신상이라 사용자의 후기가 부족했던 탓일까? 크롬 옐로에는 그때는 미처 알지 못했던 단점이 있었다. 바로 변색이다. 크롬 옐로는 햇빛에 노출되면 칙칙해졌다. 이러한 이유로 전문가들은 고흐가 그림을 완성했을 때의 해바라기 색이 지금 우리가 보는 것보다 훨씬 더 밝고 강렬했을 것으로 추측한다.

지금 공개된 그림도 충분히 훌륭하고 멋진데 이 말을 듣고 나니 그 당시에 작품을 보지 못한 게 아쉽다. 타임머신이 있다면 고흐에게 크롬 옐로 말고 변색되지 않는 다른 색을 조합해서 쓰라고 알려주거나 오늘날 출시된 크롬 옐로와 같은 색의 물감을 줬을 텐데.

지구 생명체가 살아가는 데 에너지를 주는 태양. 그리고 그를 좇는 해바라기를 통해 희망을 얻은 사람들을 보며 나 역시 밝은 기운을 전달받은 기분이다. 지금이 가장 최악이라고 생각할 때, 해바라기를 떠올린다면 그 이면의 밝은 부분을 발견하고 조금이라도 더 긍정적으로 상황을 맞이할 거라 믿는다.

<table>
<tr><td rowspan="2">해바라기</td><td>국화과 해바라기속 / Helianthus annuus L.</td></tr>
<tr><td>뾰족한 설상화와 갈색의 관상화가 어우러진 둥글고 큼직한 꽃으로 태양을 바라보며 자란다.</td></tr>
</table>

빛의 예술가
수련

지난여름은 장마가 유난히 길어 습했다. 밖에 나갔다 집에 들어오면 물세례를 맞은 것처럼 온몸이 땀으로 흠뻑 젖었다. 그럴 때면 SNS에 '요즘 날씨'라는 제목으로 돌아다니는 사진 한 장이 떠올랐다. 물이 가득 담긴 수영장 풀에 사람이 들어가 앉아 있는 모습이다. 보자마자 그 습한 기운이 바로 느껴져 '맞아, 맞아' 하며 공감했다. 동시에 회자되는 아주 귀여운 사진도 봤다. 물을 받아놓은 대야에 몸을 담그고 있는 강아지다. 온몸이 긴 털로 뒤덮여 있어 '얼마나 더웠으면 그랬을까?' 싶어 안쓰러우면서도 한편으로는 얌전히 더위를 식히는 모습이 귀엽다.

여름이면 이런저런 이유로 물이 자주 생각나니 물에서 살아가는 수련도 궁금해졌다. 수생식물의 대표 격인 수련은 6~8월 물 위에서 꽃을 피운다. 여기서 잠깐! 수련이라는 이름이 물에서 지내는 특성에서 비롯돼 '물 수(水)'자를 쓸 것 같지만 사실은 '잠잘 수(睡)'다. 이유는 이렇다. 수련은 오전 11시~오후 4시에 피고 이후에는 꽃잎을 닫는다. 이때 꽃잎이 닫힌 모습이 마치 잠자는 것처럼 보여서 '잠잘 수(睡)'를 써서 이름을 지었단다. 참고로 줄기는 물 위에서 잘 뜰 수 있도록 구멍이 뚫린 구조다.

물에서 산다는 이유로 수련은 연꽃과 비슷하다는 말을 많이 듣는다. 수련은 수련속 식물, 연꽃은 연꽃속 식물로 계통학적으로 다르다는 것을 차치하더라도 자세히 들여다보면 다른 점 몇 가지가 눈에 들어온다. 이 둘의 가장 큰 차이점은 잎의 모양. 온전한 피자 한 판 같은 형태면 연꽃, 여기에서 한 조각 떼어 놓은 것처럼 생겼다면 수련이다. 이 둘은 수면으로부터 뻗어 나온 꽃의 높이도 조금 다르다. 꽃이 수면에 둥둥 떠 있다면 수련, 꽃이 달린 줄기가 서너 뼘 물 위로 나와 있다면 연꽃이다.

수련은 많은 예술가에게 영감을 주는 꽃이기도 하다. 클로드 모네도 그 영향을 받은 사람 중 한 명이다. 그는 빛에 따라 변하는 대상의 색감에 주목했고 그걸 소재로 독보적인 미술 세계를 펼쳤다. 시간이 지나면서 빛에 의해 미묘하게 달라지는 수련은 그에게 더할 나위 없이 완벽한 모델이었을 터. 그는 수면에 무리 지어 빛에 반응하는 수련에 매혹되었다. 지베르니에 있는 집에 엡트강의 물을 끌어다가 연못을 만들어 이집트, 남아메리카 등지에서 수련을 대량으로 들여와 심었다. 그리고 여섯 명의 정원사를 고용해 수련을 관리할 정도로 각별한 애정을 보였다.

나는 운이 좋게 2021년 운영 기간 마지막 날에 지베르니 정원에 갈 수 있었다. 가을 막바지라 만개한 수련은 보지 못했지만 다채로운 식물과 나무, 꽃이 어우러진 풍경은 말 그대로 한 폭의 그림이었다. 쭉 눌러 앉아 살고 싶을 정도로 아름다웠다. 이러한 조화를 염두에 두고 정원을 가꾼 모네의 섬세한 감성도 놀라웠다. (생각해 보니 그때도 정원사가 연못 위에 떨어진 낙엽을 치우고 꽃에 물을 주고 있었다) 이토록 환상적인 곳에서 그는 수련을 그리는 데 몰두했다.

지베르니 정원에서는 못 봤지만 파리 오랑주리 미술관에서는 모네의 예술 혼이 담긴 작품으로 수련을 볼 수 있었다. 팬데믹이 끝나지 않은 상황이었는데도 모네의 〈수련〉이 있는 전시실은 많은 관람객으로 북적였다. 나 또한 그중 한 사람이었다. 가장 보고 싶었고 명성이 자자한 가로 91미터, 세로 2미터에 달하는 대형 〈수련〉이 있는 공간은 관람객들이 물밀듯이 들어왔다. 드디어 〈수련〉과 마주했다. 심장이 빠르게 뛰고 얼굴도 후끈 달아올랐다. 너무 흥분돼 속이 울렁거리기까지 했다. 걸작을 보고 있다는 게 비현실적으로 느껴졌다. 꿈꾸는 것 같았다. 파리에 오기 전, 오랑주리 미술관 홈페이지의 VR 감상 서비스로 몇 번이고 봐서 크게 동요하지 않을 줄 알았는데 두 눈으로 직접 보니 어마어마한 감동이 밀려왔다. 그림을 먼 발치에서 보기도 하고, 따라 걸으며 붓의 세밀한 움직임을 살피고, 비치된 의자에 앉아 고개를 왼쪽에서 오른쪽으로(그 반대 방향으로도) 움직이며 훑어봤다. 며칠 전에 갔던 지베르니 정원도 떠올랐다. 그림 속 꽃과 나무들이 빛에 따라, 계절에 따라 다른 색의 옷으로 갈아입은 듯했다. 솔솔 부는 바람 따라 코끝에 닿았던 풀 냄새도 나는 것 같았다. 1차원의 그림에서 3차원의 입체감이 느껴졌다.

전시실을 왔다 갔다 하며 〈수련〉을 수차례 반복해 감상하고 나니 이 미술관에 얽힌 일화가 생각났다. 모네는 〈수련〉을 오랑주리 미술관에 기증하기로 마음먹으면서 이 미술관 건축에 적극적으로 참여했다. 그는 〈수련〉을 최상의 상태에서 감상하려면 하얀 벽에 자연광이 들어와야 한다고 피력했다. 또한 그림을 곡선으로 걸어야 한다고 했다. 〈수련〉은 그의 작품 세계에서 가장 중요한 빛과 색채, 철학의 결정체였기에 신경이 쓰였나 보다. 미술관은 그의 뜻을 반영하여 세워졌다. 하지만 그가 세상을 떠난 뒤였다. 정작 모네는 오랑주리 미술관에 전시된 자신의 작품을 보지 못했다. (모네가 자신이 죽은 뒤에 전시할 것을 요청했다는 이야기도 있긴 하다) 그가 말한 대로 아무 장식 없는 새하얀 벽에 자연광을 받으며 아름다운 자태를 뽐내는 그림을 말이다. 무엇보다도 그림을 보며 감탄하고 깊게 감명받은 관객들을 만나지 못했다는 사실이 안타깝다. 자신의 그림이 오랜 시간 동안 많은 사람에게 꾸준히 사랑받고 있다는 걸 안다면 얼마나 좋을까!

파리에서 돌아온 지금, 나도 모네가 그랬던 것처럼 하나의 대상을 보고 또 보며 그 아름다움을 발견하고 빛에 따라 일어나는 변화를 감지하는 연습을 하고 있다. 그때의 내 감정과 생각도 곱씹으면서. 볕이 잘 드는 창을 지키는 여인초가 그 대상이다. 이른 아침, 오전, 점심, 해 질 녘 그리고 사계절에 볕이 드는 양과 방향에 따라 달라지는 여인초의 매력을 발견하고 있다. 잎은 강렬한 볕에서는 형광에 가까운 연두색을, 장마철 습기를 머금었을 땐 채도가 높은 녹색을 띠기도 했다. 환경에 따라 변하는 모습을 보며 자연스러움과 아름다움의 의미를 되새기고 있다. 이렇게 아끼는 대상을 면밀히 관찰하고 떠오르는 생각을 정리하다 보면 〈수련〉을 그리던 모네의 감정 그리고 더 나아가 그의 예술 세계를 조금이라도 더 헤아릴 수 있겠지.

<table>
<tr><td rowspan="2">수련</td><td>수련과 수련속 / Nymphaea tetragona Georgi</td></tr>
<tr><td>물 위에 떠서 생활하며 낮에 꽃잎이 피고 오후 늦게 꽃잎이 닫힌다.</td></tr>
</table>

<table>
<tr><td rowspan="2">연꽃</td><td>연꽃과 연꽃속 / Nelumbo nucifera Gaertn.</td></tr>
<tr><td>연못, 저수지 등 물에서 생활하며 여름에 꽃을 피운다. 온전하게 둥근 잎, 수면으로부터 줄기가 튀어나와 있는 구조가 수련과 구별된다.</td></tr>
</table>

모든 순간을 감사히 여기는 태도
꽃도라지

풍성한 꽃잎이 우아한 꽃도라지는 부케로 인기가 좋은 꽃 중 하나다. 리시안서스로 알려져 있는 꽃이기도 하다. 겹꽃과 홑꽃, 두 종류가 있는데 모두 다 아름다우며 특히 꽃잎이 풍성한 겹꽃은 장미를 많이 닮았다. 그래서일까? 장미 수급이 어렵거나 장미를 구입할 형편이 되지 않을 때, 사람들은 꽃도라지를 장미 대신 사용했다고 한다. 그러면서 'Poor man's rose(가난한 자의 장미)'라는 별명도 얻었다. 이처럼 여의치 못한 상황에서 꽃도라지에게 구제받은 많은 사람의 마음이 모였는지 꽃도라지의 꽃말 중에는 감사가 있다.

3년 전쯤 유튜브를 시작했다. 영상 콘텐츠 수요가 늘고 플랫폼도 다양해지면서 나와 같은 인쇄 매체 에디터에게도 영상 제작에 대한 안목이 요구됐다. 업계 환경이 바뀌니 자연스럽게 영상에 호기심이 발동했다. 원고 작성, 화보 촬영 디렉팅 업무를 주로 하다가 영상 콘텐츠 제작 의뢰가 몇 차례 들어온 것도 한몫했고. 도대체 영상이 뭐길래 사람들이 많이 보고, 인쇄물을 다루는 사람에게도 그 역량을 요구할까? 때마침 유튜브 채널을 운영하는 친구가 시험 삼아 유튜브를 시작해 보라며 권유했다. 친구는 몇 번 해보고 아니다 싶으면 관두라며 부담 갖지 말라고도 했다.

어설퍼도 직접 만들면 영상에 대한 호기심이 해소되고 일할 때 조금이라도 도움이 되지 않을까? 그래, 한번 해보자. 그렇게 시작한 유튜브 채널이 운영한 지 3년째다. 유튜브 영상의 내용은 먹고, 일하고, 취미 생활하는 등 일상적인 모습을 담은 브이로그(VLOG)다. 아, 브이로그는 영상을 뜻하는 'Video'의 'V'와 일지를 뜻하는 'Log'가 합쳐진 단어로, 영상으로 남기는 일기다. 블로그의 영상 버전이라고 이해하면 쉽다. 나 또한 유튜브를 시작하면서 알게 된 개념이다. 소소한 일상의 연속이라 사람들을 혹하게 만드는 자극적인 요소는 없다. 하지만 영상을 편집하면서 내 모습을 보니 예상치 못한 깨달음을 얻었다. 하루, 아니 한순간도 소중하지 않은 때가 없다는 걸 말이다.

매일 할 일을 적어 놓은 노트에 '했다'는 표시(나의 경우는 두꺼운 펜으로 그 내용을 쭉 긋는다)가 하나도 없는 날이 종종 있다. 그날 하기로 한 일을 하지 못했다는 뜻이다. '오늘 아무것도 한 게 없네, 하루 종일 뭐 했지?' 허무했다. 하지만 녹화된 하루를 보니 아무것도 안 한 게 아니었다. 인터뷰이 섭외는 거절당했지만 그를 섭외하기 위해 여러모로 애썼으며 원하는 정보를 만족스러운 수준까지 얻지 못했지만 눈이 빠지도록 자료를 찾고 수소문한 끝에 실마리를 건졌다. 목표한 건 달성하지 못했지만 영상 속 나는 그 근처라도 가기 위해 애썼다. 어떤 때는 그 언저리까지 도달하기도 했다.

이제 '했다'는 표시가 없어도 너무 상심하지 않기로 했다. 결과는 만족스럽지 않아도 최선을 다한 시간까지 부정하고 싶지 않아서다. 새로운 콘텐츠에 대한 호기심과 업무 역량 개발을 위해 시작한 유튜브가 일상의 모든 순간을 감사히 여길 줄 아는 태도를 가르쳐줬다. 또한 나의 부족한 일상이 업로드될 때마다 즐겁게 시청하고 격려해 주는 구독자분들도 알게 돼 고마울 따름이다.

집에 있는 나뭇가지로 만든 리스가 눈에 들어왔다. 후텁지근한 여름, 리스를 싱그럽게 꾸밀 생각으로 조화를 구입했다. 꽃도라지 몇 송이와 초록색 소재다. 조화를 고른 건 싱그러운 기운을 사계절 내내 느끼는 동시에 식물이 시드는 모습은 보고 싶지 않고 나중에는 그걸 내 손으로 버리고 싶지 않기 때문이었다. 리스의 주인공인 화사한 꽃도라지는 일상의 소중함을 일깨워 준 유튜브와 나를 응원해 주는 구독자들에 대한 감사의 상징이다. 여기에 초록색 건강한 기운을 머금은 소재로 리스를 풍성하게 채워 그 마음을 극대화할 거다. 이 리스를 늘 보면서 그 마음을 잊지 말아야겠다.

꽃도라지	용담과 유스토마속 / *Eustoma grandiflorum* (Raf.) Shinners
	리시안서스로도 불리며 홑꽃과 겹꽃, 두 종류가 있으며 꽃잎이 풍성하고 색상도 다채로워 부케에 많이 쓰인다.

최고가 아니어도 괜찮아

작약

하나도 제대로 하기가 어려운데 여러 분야에서 두각을 나타내는 꽃이 있다. 작약이 그렇다. 작약은 고운 꽃잎이 활짝 핀 모습이 탐스러워 '함박꽃'이라고도 불린다. 중국에서는 '서면 작약, 앉으면 모란'이라는 문장으로 아름다운 사람을 작약에 빗대 표현하며, 프랑스에서는 작약을 '성모의 장미', 스페인과 이탈리아에서는 '산속의 장미'라 부르며 그 매력을 칭송한다. 그래서일까? 작약은 부케나 꽃꽂이의 소재로도 인기가 좋다. 그뿐만 아니라 오래전부터 오늘날에 이르기까지 예술가들이 사랑한 꽃으로서 소설과 그림, 영화 등 각종 예술 작품의 모티브가 되기도 했다.

종종 작약과 모란이 혼동될 때가 있다. 작약은 풀이기 때문에 땅속에서 붉은 싹을 틔우는 반면 모란은 나무로 나뭇가지 끝에서 새순이 돋는다. 같은 이유로 겨울이 되면 작약은 줄기 없이 뿌리만 남으며 모란은 잎이 떨어진 가지만 남게 된다. 최근의 기후 변화로 크게 두드러지진 않지만 개화 시기는 작약이 5~6월, 모란은 4~5월로 조금 차이가 있다.

이 둘은 잎의 생김새도 살짝 다르다. 작약 잎은 둥글고 길쭉한 3개의 잎이 모여서 나고 광택이 있는 반면 모란 잎은 둥글넓적한 잎이 잎자루의 양쪽에 달려 있고 광택은 없다. 그런데 솔직히 아직도 그 차이가 크게 와닿지 않는다. 자료를 찾으니 꽃의 색에 주목하면 더 쉽단다. 작약은 수많은 노란 수술이 3~5개의 암술을 감싸고 있어 꽃 중앙이 전체적으로 노랗게 보이는 반면, 모란은 암술과 수술이 뚜렷하게 구분된다. 앞으로 모란 또는 작약을 마주한다면 꽃의 중앙부터 살펴보고 정체를 가늠해야겠다.

작약은 예로부터 약용으로 널리 쓰였다. 관심이 있는 사람이라면 작약의 영어 이름인 피오니(Peony)가 그리스 신화 속 치유의 신 파이온(Paeon)에서 비롯되었다는 이야기를 한 번쯤 들어봤을 터. 파이온은 신들이 싸울 때 작약의 뿌리로 상처를 낫게 했다. 우리에게 익숙한 『동의보감』에도 작약이 등장한다. 여기에 '성질이 평하고 약간 차며 맛은 시고 쓰다'라고 기록되어 있다. 주된 효능은 몸이 저리고 쑤시고 아픈 것을 낫게 하며 혈맥을 잘 통하게 한다. 특히 여성 질환과 산후에 발생하는 질병을 다스리는 데 도움이 된다고도 전해진다.

그럼 서양 의학이 발달한 오늘날, 약재로서 작약의 역할은 끝난 걸까? 아니다. 백작약의 뿌리를 코에 갖다 대면 어디선가 맡아봄직한 냄새가 날 거다. 우리 집 약장? 아니면 한의원? 얼추 비슷하다. 백작약의 뿌리는 쌍화탕의 재료이기도 하다. 몸살 기운이 돌 때 으레 생각나는 그 갈색병 약 맞다. 나와 굉장히 밀접한 곳에서 작약의 흔적을 발견하니 일상적인 감기부터 각종 내상 질환까지 치료하는 작약의 다재다능한 면모가 실감된다. 요즘은 작약의 뿌리에서 추출한 성분으로 만든 화장품도 꾸준히 출시되고 있다.

이처럼 여러 방면에서 두각을 드러내는 작약, 부러운 존재가 아닐 수 없다. 겉모습이 훌륭하면 쓰임이 적을 수 있는데 겉과 속 모두 완벽하다. 바쁘기만 하고 내실은 없는 나와 정반대다. '지금부터라도 다방면에서 최고점을 찍어보자!'라며 의지를 불태우려는 순간, 일상을 돌아보니 작약만큼은 아니지만 나름대로 멀티 플레이어로 살아가고 있다는 걸 깨달았다. 마감 기한에 맞춰 원고를 써내는 작가이자 에디터로, 식물을 돌보는 식물 집사로, 식구들의 안부를 묻고 챙기는 가족 구성원으로서 숨만 쉬고 살아도 최소 세 가지 역할을 수행하고 있다. 그리고 매주 유튜브에 브이로그 영상을 업로드하는 유튜버로, 취미로 뜨개질을 하는 니터로, 빵을 굽는 홈베이커로, 운동과 식단 관리에 열을 올리는 다이어터로도 살고 있다.

비록 그 역할을 해내는 데 급급해 자랑할 만한 성과는 없지만 다양한 분야에서 다양한 내가 되어 살아가는 것만으로도 충분히 가치 있다. 내가 가진 능력을 상황에 맞게 발휘하고 최선을 다하는 시간이 쌓이면 나의 내면은 분명히 단단해질 테니까.

내가 가진 능력을
상황에 맞게 발휘하고
최선을 다하는 시간이 쌓이면
나의 내면은
분명히 단단해질 테니까.

작약	작약과 작약속 / *Paeonia lactiflora* Pall.
	꽃잎이 활짝 핀 모습이 아름다워 함박꽃이라고도 불리며 약재 및 화장품의 원료로 쓰인다.

한 우물 파기의 함정
서향

계절의 변화가 유난히 크게 느껴지는 때가 있다. 겨울에서 봄으로 넘어가는 시기가 그렇다. 한 해의 첫 계절인데다 날씨만큼이나 일상에도 크고 작은 변화가 일어난다. 두꺼운 외투를 벗고 가벼운 옷으로 갈아입는 것부터 계획했던 일을 하나둘씩 실천에 옮기고 다소 원대한 목표를 향한 시도까지. 하지만 언제부턴가 더 특별한 무언가가 있으면 좋겠다는 생각이 들었다. 주변 환경의 변화는 극적인 데 반해 내게 일어나는 변화가 시시하게 느껴졌기 때문이다. 삭막한 잿빛 화단을 밝히는 개나리와 탐스러운 목련도, 카페에서 만나는 벚꽃 음료도 좋지만 그보다 직관적이고 더 인상 깊은 것.

후각은 사람의 다섯 감각 중 가장 예민하고 그래서 뇌리에 더 깊게 박힌다고 한다. 이를 뒷받침하기라도 하듯 일부 사람들은 꽃향기를 맡고 봄이 왔다는 걸 알아챈다. 이때 자주 등장하는 꽃은 향기가 진하기로 유명한 서향이다. 서향은 가을에 꽃봉오리를 맺고 3월에 네 갈래로 갈라지면서 꽃을 피운다. 앞서 말한 대로 향기가 굉장히 좋은 데다 상서로운 기운을 불러온다고 여겨 서향이라는 이름이 붙여졌다. 스님이 잠결에 서향의 향기를 따라갔다는 이야기가 전해지면서 잠자다는 뜻의 한자 '수(睡)'를 써서 '수향'으로도 불렸단다. 그뿐만 아니라 천리 밖에서도 향기가 나서 '천리향'이라는 별명도 있다. 학명의 종소명인 '*odora*' 역시 향기를 뜻한다. 와, 서향의 향기는 동서양을 막론하고 많은 이들의 마음을 빼앗을 만큼 매력적이구나! 서향의 향기에 관한 내용은 조선시대 전기 문신 강희안이 쓴 원예전문 서적 『양화소록』에도 나와 있다. 그는 "뜰에 꽃이 만발해 그 향기가 수십 리에 퍼진다"라며 극찬을 아끼지 않았다.

향에 관해서라면 서향과 사촌 관계인 백서향도 빠질 수 없다. 백서향은 이름 그대로 백색을 띠는 서향으로 그윽하고 은은한 향이 특징. 백서향은 겨울처럼 추운 날씨에는 취약해 국내에서는 주로 제주도에서 발견된다. 참고로 제주에서는 '만리향'으로도 불리며 군락지가 제주도 기념물 제18호로 지정되어 있다. 최근에는 전라남도 일대에서도 발견돼 이와 관련된 연구가 진행 중이다.

그러고 보니 지금껏 꽃향기를 유심히 맡은 적이 없다. 종종 바람 따라 흘러오는 라일락이나 장미 향을 맡았을 뿐 일부러 찾지는 않았다. 좋아하는 반찬만 쏙쏙 골라 먹듯 계절에 상관없이 향을 편식했다. 작업하는 책상 옆 작은 수납함에 시트로넬라, 로즈마리, 베티버, 라벤더 등의 오일과 인도풍의 인센스 스틱을 두고 그때그때 원하는 향을 골랐다. 모두 자연 유래 성분이긴 하지만 정작 가공을 거치지 않은 자연 그대로의 향에는 관심을 두지 않았다. 나를 둘러싼 계절의 풍요로운 향기를 모르고 지냈다. 좋아하는 것에 각별한 애정을 갖는 게 잘못은 아니다. 하지만 정도가 지나쳐 주변에 있는 자연의 향에는 무심하거나 가까워질 기회를 놓친 것 같다. 나 역시 자연의 일부인데 왜 함께 생각하지 않았을까? 이러다가 취향이 우물 안 개구리가 되어 버릴까 염려된다.

요즘 우리는 알고리즘의 늪에 살고 있다. 영상을 보고 있으면 바로 옆에 비슷한 내용의 영상이 추천 리스트로 생성되고 자연스럽게 그걸 본다. 나 역시 비슷한 경험을 했다. 한동안 운동에 미쳐서 운동 관련 영상을 자주 찾았더니 추천 영상 리스트에 운동 영상뿐이었다. 그러다가 친구들을 만났는데 내게 대화의 소재가 운동뿐이라는 걸 깨달았다. 운동 자체가 나쁜 건 아니지만 알고 있는 주제가 한정적이다 보니 운동 외의 대화에서는 리액션만 하거나 너무 몰라서 이해하는 데 시간이 좀 걸렸다. 친구들과 어울리지 못하는 것 같았다. 나만 아는 세상에 갇혀 시야가 좁아진 느낌이랄까. 다양한 분야의 사람과 협업하는 직업의 특성상 도움이 될 것 같지 않다. 아마 향에 관한 취향도 마찬가지일 거다.

향을 편애하는 것도 좋지만 지금 나를 감싸고 있는 계절의 향에도 관심을 가져야겠다. 시시하게 느껴졌던 나의 봄이 더욱 향기로워지기를 바라며. 또한 이를 계기로 지금껏 알지 못한 자연의 다채로운 세계를 탐험하기를 기대해 본다.

서향	팥꽃나무과 백서향속 / *Daphne odora* Thunb.
	향기로운 꽃이 피며 그 향을 천리 밖에서도 맡을 수 있다고 하여 천리향이라는 별명이 있다.

선택받은 자의 허브

고수

좋아하는 음식이 많지만 그중에서 세 손가락 안에 꼽히는 요리가 있다. 바로 똠얌꿍이다. 태국 요리인 똠얌꿍은 닭과 새우 껍질을 우려낸 국물에 레몬그라스, 갈랑갈, 라임 등으로 향을 내고 샬롯과 마늘, 각종 태국식 소스를 넣어 만든다. 다양한 향신채와 향신료 덕분에 맵고, 시고, 달콤한 맛이 어우러진 국물 요리로 그 맛의 중독성이 굉장히 강해서 한 번 먹으면 바닥이 보일 때까지 먹는다. 자극적인 맛에도 물리지 않고 먹는 데에는 고수의 역할이 크다. 고수는 내가 좋아하는 허브이기도 하다. 특유의 개운한 향이 똠얌꿍 국물 맛을 텁텁하지 않게 해준다. 태국 현지에 있는 듯한 기분을 선사해 스트레스가 심할 땐 이 한 그릇으로 기분 전환한다.

고수를 듬뿍 넣은 똠얌꿍을 자주 먹다 보니 고수를 더 맛있게 먹는 노하우도 생겼다. 고수를 손질할 때 뿌리는 버리지 않고 따로 모아둔다. 그리고 잎, 줄기 부분을 두 가지 형태로 손질한다. 하나는 잘게 다지고, 다른 하나는 손가락 한 마디 정도로 숭덩숭덩 썬

다. 참고로 고수를 잘게 다지면 그 향이 배가된다. 이는 허브의 식생과 관련이 깊다. 동물이 자신을 씹어 먹는 등 물리적인 공격을 가할 경우, 독한 향을 내뿜어 자신을 뱉어버리게 만들기 위한 것. 생존을 위해 내뿜은 고약한 향이 내게는 음식의 풍미를 살리고 입맛을 돋우는 향인 셈이다. 잘게 다진 건 똠얌꿍 국물을 끓일 때 넣는다. 이때 따로 모아둔 뿌리도 함께 넣어 고수 향을 더욱 진하게 우린다. 숭덩숭덩 썬 것은 완성된 똠얌꿍 위에 뿌리고 먹는 중간중간 곁들인다.

이렇게나 고수를 좋아하지만 집에 늘 고수가 있는 건 아니다. 밀폐용기에 물에 적신 키친타월을 깔고 고수를 넣어 냉장 보관하면서 중간중간 고수의 상태를 확인하고 키친타월도 바꿔줘야 하는데 자꾸 깜빡 잊어서다. 종종 고수 없이 똠얌꿍을 먹곤 한다. 맛은 좋지만 뭔가 허전하다. 그러던 중 몇 번의 시도 끝에 고수를 두고두고 먹을 수 있는 방법을 찾았다. 고수를 구입하면 앞으로 3일간 먹을 분량을 제외한 나머지를 손질하여 한 번 먹을 분량씩 얼린다. 원래의 고수만큼 향이 진하지 않고 신선한 느낌이 덜하기는 하다. 하지만 똠얌꿍, 팟타이처럼 열을 가하는 요리를 할 때 넣고 익히면 그 향이 제법 난다. 시험 삼아 냉동 보관해 봤는데 그 맛이 나쁘지 않아 자주 써먹는다.

이렇게 고수 사랑이 남다른 내게 '태국 요리를 제대로 즐기고 싶은데 고수를 먹지 못해 아쉽다', '고수 맛을 아시다니 부러워요' 라고 말하는 사람이 더러 있다. 그들 못지않게 나도 마음이 편치 않다. 맛있는 고수를 먹을 수 없다니! 그러고 보니 우리 언니도 고수를 못 먹는다. 언니와 떠난 홍콩 여행에서였다. 기내식 이후 첫 식사였던 딤섬이 나왔을 때 언니는 극도의 허기에도 불구하고 소에 들어간 잘게 다진 고수를 일일이 발라냈다. (자세히 안 보면 모를 정도로 잘게 다졌는데도 불구하고!) 그 탓에 유명 맛집의 요리를 마음껏 즐기지 못했다. 나는 그 상황이 안타깝고 한편으로는 웃기기도 했다. 그 상황도 여행의 추억이라고 생각해 조용히 그 모습을 카메라로 찍어뒀다.

그런데 왜 어떤 사람들은 고수를 못 먹을까? 고수를 못 먹는다는 사람들 대부분은 고수에서 비누 맛이 난다고 말한다. 비누 맛이라니? 고수에서 개운함을 느끼는 나와는 정반대다. 상한 고수를 먹고 트라우마라도 생긴 건가? 내 입에는 맛있기만 한 고수가 비위를 상하게 한다는 게 쉽게 이해되지 않는다. 이유가 궁금하던 찰나 흥미로운 자료를 발견했다. 고수에 대한 기호는 맛에 대한 주관적인 기준이나 심리적 요인이 아니라 타고난 유전자 탓이라는 것. 유전자의 후각 수용체인 OR4N5, OR6A2의 유형이 열쇠를 쥐고 있다.

이 수용체가 변형되면 고수 특유의 냄새를 띠게 하는 성분을 감지한다. 맞다. 이 성분은 비누, 로션 등에 있는 것과 같다. 사람들이 고수에서 비누 향이 난다고 말하는 게 이해되는 대목이다. 또한 여기에 TAS2R1라는 수용체까지 관여하면 고수에서 쓴맛도 느껴진다고. 만약 후각 수용체와 쓴맛 수용체 둘 다 고수에 부정적으로 반응한다면? 고수를 입에 댈 수조차 없겠다. 이러한 유전자는 전 세계 인구의 7분의 1가량이 보유한다고 알려져 있다.

타고난 유전자 탓에 후천적으로 노력해도 고수를 먹을 수 없다는 사실이 신기하면서도, 한편으로는 이 맛이 주는 즐거움을 모를 수 있다는 게 마음이 아프다. 고수 맛을 즐길 줄 아는 유전자를 가진 게 행운이라는 생각도 든다. 문득 며칠 전 SNS에서 본 게시물이 생각났다. 마카오의 어느 가게에서 고수 아이스크림을 판매한다는 내용이다. 소프트 아이스크림에 다진 고수를 토핑처럼 올렸는데 고수 특유의 상쾌한 풍미와 아이스크림의 시원한 촉감이 조화롭다는 평이다. 지금 당장 갈 순 없지만 나도 맛보고 싶다. 가게 되는 그날까지 계속 판매하면 좋겠다.

고수 맛을 즐길 줄 아는
유전자를 가진 게
행운이라는 생각도 든다.

고수	산형과 고수속 / *Coriandrum sativum* L.
	미나리보다 잎이 작은 허브로 태국 및 베트남, 남미 및 스페인 등의 요리에 쓰이며 사람에 따라 그 맛에 대한 기호가 다르다.

다채로운 매력에 푹 빠질 시간

바질

즐겨 찾는 식물 판매 사이트의 장바구니를 아주 오랫동안 지키고 있는 식물이 있다. 바로 바질, 그중에서도 가장 대중적인 스위트 바질이다. 바질은 이탈리아 대표 요리인 피자, 파스타 등에 두루 들어간다. 그중 하나인 마르게리타 피자에는 토마토소스, 모차렐라 치즈와 더불어 없어서는 안 될 재료로 꼽힌다. 왜냐고? 각 재료들이 이탈리아 국기를 상징하기 때문이다. 바질, 이탈리아에서만큼은 예사롭지 않은 허브인 건 확실해 보인다. 한술 더 떠 우리나라에서도 떡볶이, 라면, 치킨 등에 바질 소스를 접목한 메뉴들이 속속 등장하고 있다.

바질 특유의 싱그러운 향은 느끼한 요리도 물리지 않고 계속 먹을 수 있게 해준다. 아무런 조리를 거치지 않은 생바질도 좋지만 약간의 정성이 들어가면 활용도가 올라간다. 내 기준에 바질 페스토가 그렇다. 바질 페스토는 바질과 잣, 캐슈너트 등의 견과류, 마늘, 올리브오일, 파르마산 치즈, 소금 약간을 갈아 만든 양념으로 어떠한 식재료와도 환상의 궁합을 자랑한다. 나이프로 떠서 빵 위에 잼처럼 쓱쓱 바르거나 파스타에 다른 재료 없이 이것만 넣고 버무려도 근사한 요리가 완성된다. 그렇다면 맛은? '이 맛있는 걸 왜 이제서야 먹기 시작했을까?' 싶을 정도로 만족스럽다. 마늘과 치즈를 만나 풍성해진 바질 향과 감칠맛이 입맛을 돋워 자꾸만 손이 간다.

한동안 바질 페스토에 푹 빠져 자주 구입했는데 레시피를 알고 나서부터는 직접 만들기 시작했다. 그러다가 '이럴 거면 바질을 직접 키워서 먹는 게 낫겠어!'라는 생각이 번쩍 들었다. 바질 모종을 알아보니 따뜻한 기온에서 하루에 5시간 이상 햇빛을 받으면 건강하게 큰단다. 출장이 잦아 당장 키우는 건 어려워 장바구니에 담아뒀다. 그렇지만 바질을 키우는 날을 기대하며 지내는 것만으로도 내게는 큰 설렘이다.

방콕 여행 중 다섯 가지 태국 요리를 배우는 쿠킹 클래스를 들었다. 똠얌꿍, 팟타이, 그린커리 등 태국 요리를 좋아해서 자주 해 먹었던 터라 현지인에게 현지 방식으로 배우고 싶었다. 한국에서 구하기 힘든 태국 현지 재료를 하나 둘 야금야금 생략하고, 또 내 취향대로 바꾸면서 현지의 맛에서 한참 멀어졌을 것 같았다. 게다가 현지인이 알려주는 요리 이야기도 무척이나 궁금했다. 수업은 시장 탐방과 실습으로 이루어졌다. 여행객이 아닌 현지인이 가는 시장에 가다니! 그들의 일상에 반 발짝 더 가까워진 느낌이다. 선생님은 가게에서 판매하는 재료들을 하나씩 설명했다. 그중에서 가장 기억에 남는 건 단연 허브였다. 이때 여행 중에 궁금했던 허브의 정체를 알았기 때문이다. 볶음 요리를 먹다가 자그마한 이파리를 발견했는데 맛이 굉장히 독특했다. 자연스럽고 은은함이 미덕인 허브의 향치고는 굉장히 인위적이랄까? 꽤 강렬했다. 콧속 후각 세포가 뒤집어지는 듯한 느낌이었다. 과장하자면 화공 약품 같았다.

선생님은 가게에 수북하게 쌓인 허브를 한 움큼 집었다. 그리고 대뜸 "타이 마사지~"라며 허브를 꾸깃꾸깃 구겼다. 순간 나를 포함한 모든 수강생들이 크게 웃었다. 물리적인 자극을 받으면 더 강력한 향을 내뿜는 허브의 특징을 신체의 압점을 누르는 타이 마사지에 비유한 선생님의 유쾌한 센스였다. 마사지를 마친 허브의 향이 기대됐다. 허브를 코에 갖다 댔다. 한껏 극대화된 향이 콧속으로 훅 치고 들어왔다. '아하, 바로 너였구나!' 여행 내내 잊지 못할 인상을 남긴 허브의 주인공, 바로 타이 바질이다. 타이 바질은 다른 바질보다 조금 작고 잎 가장자리가 톱니 모양처럼 생겼다. 선생님은 라오스, 캄보디아 등 이웃 나라에서도 볶음, 튀김, 샐러드, 수프 등에 다양하게 쓰인다고 설명했다. 인도에서는 망자를 천국에 갈 수 있도록 한다고 여겨 보통 차로 달여 마신단다.

바질에 대한 다양한 이야기를 듣자니 바질의 잎이 아닌 다른 부분도 먹어 봤다는 사실을 깨달았다. 몇 년 전 건강 칼럼을 쓰기 위해 먹은 바질 씨앗이다. 그 당시 바질 씨앗이 생소했던 터라 수소문 끝에 간신히 한 통 구한 기억도 난다. 바질 씨앗은 물에 10~15분 넣어두면 통통 불어서 개구리알처럼 된다. 칼럼의 골자는 이렇게 불어난 바질 씨앗의 부피 때문에 포만감이 느껴져서 식사를 적게 먹고 변비를 개선하는 데 도움이 된다는 것. 외국에서는 '바질 시드 푸딩'이라 부르며 간단한 아침 식사로도 즐긴다고. 나의 경우 바질 씨앗을 오버나이트 오트밀에 넣거나 샐러드 위에 뿌려 먹고 있다. '바질 씨앗 먹었으니까 덜 배고프겠지?'라고 기대도 하면서.

스스로를 보호하기 위해 고약한 향을 내뿜는 생존 전략이 인간에게는 거부할 수 없는 매력이 되어버린 상황을 두고 바질은 무슨 생각을 할까? 바질에는 미안하지만 덕분에 인간은 폭넓은 미식의 세계를 탐험하며 바질을 활용한 요리를 계속 개발하고 찾는다. 그런데 좋다고 해서 소비를 많이 해도 될까? 당연히 괜찮지 않다. 자칫하면 바질의 씨가 마르고 설상가상으로 지구 환경 파괴의 주범이 될 수도 있다. 아보카도처럼 말이다. 뜬금없이 웬 지구 파괴며 아보카도냐고? 아보카도는 식물의 열매지만 동물성 버터처럼 부드럽고 고소한 맛이 좋아 높은 인기를 구가하고 있다. 수요가 늘자 농가에서는 재배지를 넓혔고 그 과정에서 삼림이 파괴되었다. 게다가 재배하는 데 어마어마한 양의 물이 필요하다. 폭발적인 아보카도 수요가 환경 파괴의 악순환을 초래한 셈이다. 이러한 이유로 한편에서는 아보카도 소비를 줄이자는 목소리도 나오고 있다. 지금은 어디에서든 쉽게 구할 수 있는 바질이지만 욕심이 지나치면 바질도 이 같은 비극의 주인공이 되지 말라는 법이 없다. 바질을 좋아하는 방식을 '먹기'와 같은 소모적인 형태 말고 우리와 오래 공존할 수 있는 방향으로도 탐색해야겠다.

바질	꿀풀과 배암차즈기속 / *Ocimum basilicum* L.
	상큼한 향이 특징으로 스위트 바질, 타이 바질 등이 있으며 다양한 요리에 두루 쓰인다.

도시에서 만난 48가지 식물들
모든 식물에는 이야기가 있다

초판 1쇄 발행 2022년 10월 7일

지은이 김현경
그림 신소영 · 안현미

책임편집 이가영
디자인 박영정

펴낸이 최현준
펴낸곳 빌리버튼

출판등록 제 2016-000166호
주소 서울시 마포구 월드컵로 10길 28, 202호
전화 02-338-9271 **팩스** 02-338-9272
메일 contents@billybutton.co.kr

ISBN 979-11-91228-90-8 03180